JN254945

果物の贈答マーケティング

磯島昭代　著

農林統計協会

はしがき

　もともと筆者は関東の出身であるが、縁あって東北の地に居住するように なり、かなりの年月が経過している。親族や友人の多くは関東に居住し ているので、中元・歳暮には地元の果物を贈ることにしている。これが大 変評判が良く、初めて贈った時には、こんな高価な物を大丈夫かと心配さ れたほどである。なるほど、東京のデパートで同じようなものを買おうと すれば、かなりの出費を覚悟する必要があろう。しかし、地元の農家から 直接購入しているので、良い品物が手頃な価格で入手でき、中元・歳暮に 頭を悩ませることがない。東北に住んでいて良かったと思うことの1つで ある。ところが、東北に住んでいて困ったこともある。それは、おいしい 柑橘類が入手しづらいという点である。幸い、筆者が所属する農研機構は 全国に研究拠点があるので、ミカン産地に居住する研究者と連携し、地元 の果物を贈り合うことで互いの効用を高めているところである。

　本書はこうした個人的経験を出発点としているが、家計における果物消 費が減少傾向にある中で、贈答用果物という高級品市場が一定の存在感を 保っていることに着目している。また、贈答用果物の主要な販売チャネル として生産者による直接販売をあげ、消費者の相互作用、すなわち贈答や おすそわけ行為による情報伝達が顧客拡大に与える影響とその活用方法に ついて新たな知見を示している。本書で提示した顧客拡大プロセスと「お すそわけ袋」の導入は、直接販売に取り組む生産者だけでなく、おいしい 果物を入手したいと思う消費者にとってもメリットのある取り組みである と考える。本書の成果が今後の国内の果樹生産振興に多少なりとも貢献す ることになれば幸いである。

2018年3月

磯島　昭代

目　　次

図表目次

第 7 章　消費者のおすそわけ意識と「おすそわけ袋」による
　　　　　新規顧客の獲得 ···111

序章　課題と分析視角

1　課題

　果物の供給過剰が続き、輸入果物が低価格の大衆果物として定着する中で、国産果物は高品質化による価格の上昇を狙って、高級品市場に生き残りの道を求めている[1]。このような中で、高級果物の販売チャネルとしてまず想起されるのは、卸売市場を通じて取引される大都市の高級果実専門店であろう。しかし、このチャネルは非常に閉鎖的であり、多くの果樹生産者にとって参入することは困難であるといわざるを得ない[2]。

　一方、宅配便など物流技術の進歩を背景として、近年は消費者に直接販売する果樹生産者が増加している。図序-1は、販売目的で栽培した果樹栽培農家数のうち、直接販売を行った生産者の戸数の推移を示している。全体の農家数が減少する中で、2000年には1割程度であった直接販売の農家割合は、2010年には約3割に増加していることがわかる。こうしたチャネルでは贈答用の果実が多く取引されており、高品質化による価格の上昇が実現しやすいというメリットがある。しかし、顧客発見にかかる費用が相対的に高く、消費者は条件の良い売り手に容易にスイッチすることが可能な開放性の高いチャネルであるため、新規顧客の獲得と顧客管理の方法が問題となる[3]。

　生産者による農産物のマーケティング戦略に関しては、米を対象とした齋藤（2008）の研究がある。また、贈答品など高級果実に関しては、品質指向型生産に取り組む産地の戦略を徳田（1997）が明らかにしている。しかし、こうした研究の多くは生産者の対応に焦点を当てたものであり、直接的な顧客である消費者を対象とした研究はあまりみられない。

(2)

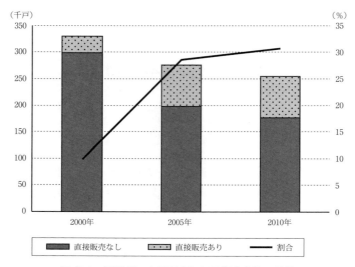

図序-1　消費者に直接販売した果樹農家数の推移

注：1）販売目的で栽培した果樹栽培農家数に占める直接販売した農家数の割合。
　　2）2000年と2005年は「店や消費者に直接販売」、2010年は「消費者に直接販売」した戸数。
資料：農林業センサス（農林水産省）。

　そこで本書では、マーケティング・リサーチを用いて消費者のニーズや購買行動を明らかにし、果樹生産者による直接販売を前提とした贈答用果物のマーケティング方策を提示することを課題とする。

2　分析視角

　そもそも贈答に関する研究は、社会学や文化人類学からのアプローチが主であり、マーケティングを目的に消費者の購買行動に焦点を当てた研究は多いとはいえない[4]。南（1998）は歳暮やパーソナル・ギフトに関する消費者の実態調査を行っているが、農産物に関しては「産地直送品もかなり健闘している」と述べるにとどまる。贈答用果物に関しては、新開（1999）が中元期の果物を対象に消費者選好分析を行っており、これが先駆的な研究といえよう。しかし、贈答用果物のイメージを明らかにするに

とどまっており、生産者による具体的なマーケティング戦略につなげるためには更なるリサーチが必要とされる。

　また、本書で特に注目するのは、贈答という行為が「商品を販売する生産者」と「それを購買する消費者」という単なる二者関係ではなく、「贈答を受ける消費者」という別の主体が関わるという点である（図序-2）。贈答を行う消費者（購買者）は商品情報を取得し、贈答相手の趣味・嗜好や家族構成など個人的情報を考慮に入れながら贈答品としての適否を判断する。そして購買を決定した場合には生産者に注文・支払いを行う。注文を受けた生産者は商品を指定された贈答先の消費者に送り、贈答を受けた消費者は自らが購買していない商品を入手することになる。もし、贈答を受けた消費者がこれまでその商品を知らなかったとしても、贈られることでその商品を消費し、評価することが可能となる。そして、その商品を気に入れば、新たな購買者となる可能性も生じる。こうした消費者間の相互作用はクチコミによる消費拡大効果として近年注目されている[5]。

　また、果物は「おすそわけ」されることが多い商品であるが、一般的なクチコミが情報のみを相手に伝えるものであるのに対し、おすそわけは情

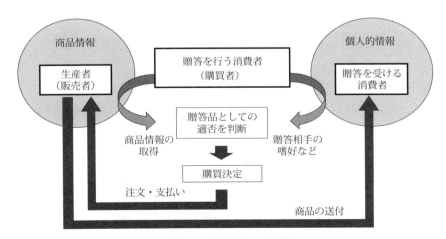

図序-2　贈答に関わる主体

報に加え実態を相手に伝えるものであり、「試食つきのクチコミ効果」が期待される[6]。

　よって本書では、こうした果物贈答の特殊性を考慮に入れた上で、以下の手順で分析を行う。まず、統計データの分析から贈答用果物の販売ターゲットを確認し、消費者調査を実施して贈答用果物に対する消費者ニーズと購買行動を明らかにする。更に顧客アンケートの結果から、新規顧客を獲得するための顧客拡大プロセスを提示し、消費者への直接販売を行う生産者に対し、新規顧客獲得のためのマーケティング方策を提案する。なお、対象品目としては、国内出荷量が多く贈答利用の活発なリンゴを中心に取り扱う。

3　本書の構成

　本書の流れを図序-3に示す。第1章では、統計データから家計における贈答用果物の位置づけと贈答用果物支出の実態を明らかにする。総務省統計局の家計調査結果では、果物支出のうち贈答用に支出された金額を直接示す項目はない。しかし、消費支出における2種類の分類、「品目分類」と「用途分類」との差額から各項目における交際費を算出することが可能であり、これを用いて分析を行う。

　第2章では、リンゴ産地の地元消費者を対象とした調査を行い、自家用および贈答用リンゴに対する消費者ニーズを明らかにする。贈答用果物を対象とした研究の蓄積は少ないため、探索的な調査が可能な定性的調査法の1つである評価グリッド法を採用する。評価グリッド法は比較対象物を提示してこれを比較評価させ、その評価判断の理由を聞くところに特徴がある。

　第3章では、リンゴ産地である岩手県盛岡市に居住する消費者を対象とした大量アンケート調査を実施する。果物生産地における地元消費者の贈答行動や贈答意識を明らかにするとともに、リンゴの贈答利用の実態やリンゴを贈答する際の意識、今後の利用意向などを明らかにする。

第1章
贈答用果物の家計支出
家計調査（総務省統計局） 1970-2016年データ

統計データの分析

第2章	第3章
自家用および贈答用リンゴに対する消費者ニーズの解明	リンゴ生産地における消費者の贈答意識と購買行動
記帳調査と面接調査 2007〜2008年実施	アンケート調査 2008年実施

地元消費者を対象としたニーズ調査

第4章
農家直販における顧客の意識と顧客拡大のプロセス
アンケート調査 2009年実施

農家直販の顧客を対象とした調査

第5章
リンゴ直販農家における販売管理と顧客獲得の実態
聞き取り調査 2013年実施

直接販売に先進的に取り組む生産者の調査

第6章	第7章
「おすそわけ袋」に対する消費者評価と活用可能性	消費者のおすそわけ意識と「おすそわけ袋」による新規顧客の獲得
アンケート調査 2010年実施	アンケート調査 2012年実施

「おすそわけ袋」を用いた実験的調査

図序-3　本書の構成

　第4章では、農家直販における顧客を対象としたアンケート調査を実施する。消費者への直接販売に取り組む生産者が発送するリンゴ箱に調査票を同梱し、生産者から直接購入する県外消費者の実態や、贈答を受け取る側の消費者意識について明らかにする。

　第5章では、消費者への直接販売に先進的に取り組む生産者の聞き取り調査を通して、農家直販における顧客獲得と販売管理の実態について明らかにする。顧客数が増加する上で生じる問題点とその対応策、また顧客を獲得していく上での工夫などを明らかにする。

　第6章では、消費者が日常的に行うおすそわけ行為に着目し、これを顧客拡大に活用する方策を提案する。具体的には、農家直販の顧客を対象とした実験的な調査を行い、筆者が考案した「おすそわけ袋」に対する消費者の評価と活用可能性について検証する。

　第7章では、再度「おすそわけ袋」を用いた実験的な調査を行い、おすそわけに対する消費者意識を明らかにするとともに、個別経営における「おすそわけ袋」導入の効果と意義を検証する。

注

1) 徳田（1997）は、大衆的消費向け市場を低価格の輸入果実に侵食される中で、国産果実は生き残りの道を高級品市場に求め、品質指向型生産を展開することで、ある種の棲み分けが形成されたと述べる。
2) 佐藤（1998）は、高級果実の場合、卸売業者は6大都市等有力市場の特定卸売業者に限定され、市場での取引方法も特定の卸売業者により構成されることが多く、さらに末端の小売業者も高級果実専門店が主体となっており、実質的には閉鎖的なチャネルが形成されていると述べる。
3) 松下（2003）は消費者への直接販売は共同販売よりも経済的に有利な販売形態であるとするが、顧客発見にかかる費用が相対的に高く、販売にかかる費用の個別農家負担が他の販売形態と比較してもっとも大きいと述べる。また、佐藤（1998）が挙げる「農家・農協主導型宅配産直」は、農家や農協が宅配便等を利用して青果物をターゲットとなる消費者に的確に供給することにより有利な価格形成を図ろうとするチャネルである。取引される商品は贈答用の果実が多く、一般小売店やスーパーよりも高めに価格設定されていることが多いため、農家や農協側では、高価格販売を維持するために、当該商品・産地に対する選好の強い消費者を固定化しようとする。一方、消費者は多様な情報源から品質と価格条

件を判断して発注先を決定しているので、取引条件の良い売り手に容易にスイッチすることが可能であり、開放性の高いチャネルであるとされる。

4）例えば、井上ら（1996）、伊藤・栗田（1984）など。

5）クチコミに関する研究としては濱岡・里村（2009）、宮田・池田（2008）などが挙げられる。

6）辻本ら（2010）はおすそわけ行動に着目し、物産展来場者が購入した商品を友人、知人におすそわけを行うことで商品の認知が高まる「試食つきクチコミ効果」があり、おすそわけの受け手が商品を気に入り自らも購入することで生じる消費拡大（購買連鎖）の存在を明らかにしている。

第1章　贈答用果物の家計支出

1　はじめに

　これまで、家計における果物消費を扱った研究はいくつか存在するが、贈答用果物について分析を行ったものは少ない[1]。その理由の1つとして、家計調査では贈答用果物の支出が明示されていないことが挙げられる。

　そこで、本章では後述する方法で果物支出に占める交際費支出（贈答用支出）の金額を算出し、家計における贈答用果物の位置づけと贈答用果物支出の実態を明らかにする。

2　分析データ

　本章では、総務省統計局の家計調査結果をデータとして用いる。家計調査には「交際費」という項目があり、食料、家具・家事用品、被服及び履物、教養娯楽、他の物品サービスについて、世帯外の人のために使う贈答用と接待用に購入したものをこの項目に分類している[2]。しかし、この交際費には「食料」という大きな項目でしか掲載されておらず、その中で果物にいくら支出されたかはこのままでは不明である。そこで、消費支出における2種類の分類、すなわち「品目分類」と「用途分類」を用いて果物に支出された交際費の算出を行う。

　家計調査における品目分類は、世帯が購入した商品およびサービスを同一商品は同一項目に分類する方法である。一方の用途分類は、世帯で購入した商品を、その世帯で使うか、それとも他の世帯に贈るかという使用目的によって分類する方法である。したがって、いずれの分類によっても家

計支出の総額は変わらず、品目分類と用途分類との差異は家計支出の内訳の交際費に関する部分と一致する。よって、品目分類による支出金額からそれぞれに該当する用途分類の支出金額を差し引いた差額が、家計における交際費支出と位置づけることができる（総務省統計局 2016）。

　これを、2015 年の家計調査で示された 1 カ月当たりの食料に関する支出金額で確認する（表 1-1）。品目分類の食料合計は 6 万 7,721 円で、その内訳が穀類から賄い費まで示されている。また、品目分類では「交際費／食料」の項目はなく、食料に関する支出は自家用・贈答用にかかわらず、全て食料費として計上されていることを示している。一方、用途分類の食料合計は 6 万 1,833 円で、品目分類との差額は 5,888 円となるが、これは

表 1-1　項目別交際費支出の算出

（単位：円）

	品目分類	用途分類	差額
消費支出	247,126	247,126	0
食料	67,721	61,833	5,888
穀類	5,227	5,002	225
魚介類	5,471	5,067	404
肉類	5,726	5,515	211
乳卵類	3,009	2,985	24
野菜・海藻	7,308	7,120	188
果物	2,775	2,349	426
油脂・調味料	2,857	2,759	98
菓子類	5,815	4,440	1,375
調理食品	8,472	8,130	342
飲料	3,883	3,708	175
酒類	3,022	2,754	268
外食	14,097	11,944	2,153
賄い費	61	61	0
交際費／食料	－	5,887	

注：1) 2015 年の総世帯の食料費。
　　2) 品目分類は年間の支出、用途分類は 1 カ月間の支出であるため、品目分類を 12 で除して比較している。
　　3) 表章単位未満を四捨五入しているため、内訳を足し上げても必ずしも合計と一致しない。
資料：「家計調査結果」（総務省統計局）を加工。

用途分類の「交際費／食料」の金額と一致する[3]。すなわち、用途分類で示された「交際費／食料」の支出金額は、品目分類では穀類から外食までの各項目にそれぞれ振り分けられていることになる。したがって、品目分類と用途分類の各項目の差額が、それぞれの交際費支出と考えることができる[4]。この方法を果物に適用すると、品目分類 2,775 円から用途分類の 2,349 円を引いた差額 426 円が果物の交際費支出であるといえる[5]。

　本章では家計調査のこの性質を利用して、各項目における品目分類の支出金額を「（総）支出」、用途分類の支出金額を「自家用支出」、品目分類と用途分類の差額を「交際費支出＝贈答用支出」と定義し、以下の 2 つの視点から果物贈答の分析を行う。まず、1970 年から 2016 年までの贈答用支出の推移を調べ、果物支出における贈答の位置づけを確認する[6]。次に、2014 年から 2016 年の 3 カ年の支出金額の平均を用いて、近年の果物贈答支出の月別・地域別の特徴を明らかにする。

3　時系列にみた交際費支出（贈答用支出）の変化

　まず、全体的な交際費支出の傾向を確認する（図1-1）。用途分類に示される交際費のうちの食料、家具・家事用品、被服及び履き物、教養娯楽、他の物品サービスの合計金額を時系列でみると、1970 年は 1 か月 8,000 円あまりであった支出金額が 1975 年には 1 万円を超え、その後、若干の増減を繰り返しながら徐々に増加して、1991 年には 1 万 2,000 円を超える。しかし、1990 年代後半には減少傾向に転じ、2008 年以降は 1 万円を下回っている。

　支出の内訳をみると、食料への支出は一貫して 60％以上を占めている。「家具・家事用品」は当初の 8〜9％から徐々に減少し、2005 年以降は 4％を下回っている。「被服及び履物」も 1970 年の 11％から 2016 年の 7％に減少している。「他の物品サービス」は 6〜7％で推移しており、特に大きな変化はみられない。唯一増加したのは「教養娯楽」で、1970 年の 6％から 1991 年には 10％を超え、2006 年以降は 15〜16％で推移している。

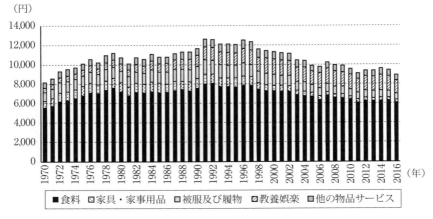

図 1-1　交際費支出の推移

注：1）2人以上の世帯。2004年以前は農林漁家を除く結果。
　　2）2015年基準の消費者物価指数（総合）で調整済み。
資料：家計調査（総務省統計局）

　次に、食料支出のうちの交際費（以下、食料交際費）を項目別にみる（図1-2）。先にも述べたが、用途分類の交際費では食料支出の総額しか示されていないため、以降の分析では品目分類と用途分類の差額を用いる。食料交際費のなかでもっとも支出が多いのは「外食」である。1970年代は1,404円から2,260円まで増加し、1980年代に減少傾向に転じて1989年の1,850円まで下がったが、その後また増加し、以降は2016年まで2,000円前後で推移している。次に多いのは「菓子類」である。1970年の1,247円から順調に増加し1990年代初めに1,900円を超えて外食とほぼ同じ水準に達したがその後減少に転じ、2016年には1,505円となっている。この2つの項目で、食料交際費のほぼ半分を占める。その次に多いのは「果物」と「魚介類」である。果物は、1970年の565円から1992年の832円まで増加したが、その後徐々に減少し、2016年には467円となっている。魚介類は1970年の462円から1992年の776円まで増加し、2016年は370円となっている。また、「調理食品」は唯一順調に増加した項目で、1970

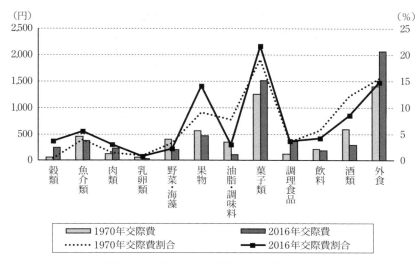

図 1-2　食料交際費の項目別支出と交際費割合の推移（1970-2016 年の比較）

注：1）「品目分類－用途分類」で算出した 1 カ月間の交際費および各項目の総支出に占める交際費の割合。
　　2）2 人以上の世帯。1970 年は農林漁家を除く結果。
　　3）2015 年基準の消費者物価指数（総合）で調整済み。
資料：「家計調査結果」（総務省統計局）を加工。

年の 113 円から 2016 年には 364 円となっている。その他の項目の 2016 年時点の支出金額を多い順にみると、「酒類」289 円、「穀類」235 円、「肉類」227 円、「野菜・海藻」197 円、「飲料」185 円、「油脂・調味料」107円、「乳卵類」28 円となっている [7]。

　続いて、これら食料交際費が家計に占める割合を項目別にみる。項目別総支出に占める交際費の割合（以下、交際費割合）がもっとも高い項目は菓子類である。1970 年の 19％から 1996 年の 27％まで上昇したあと低下して 2016 年には 22％となっている。1970 年時点で次に高い割合を示していたのは外食（16％）と酒類（12％）であるが、いずれも 1979 年の 16％をピークに減少に転じる。外食は 1990 年代に再び増加に転じて 2016 年には 15％に戻しているが、酒類は 2016 年には 8％に低下している。一方、果物は 1970 年には 9％とあまり高くなかったが、その後割合が高まり 1996

年には18％を占めるようになった。以降増加傾向はおさまったが、16～18％の水準を保っている。ただし、2011年以降は若干減少の兆しをみせて15％前後で推移し、2016年には14％に落ち込んでいる。なお、2016年時点で食料総支出に占める食料交際費の割合は8％で、魚介類6％、穀類と調理食品、飲料はそれぞれ4％、肉類および油脂・調味料は3％、野菜・海藻は2％、乳卵類は1％となっている。

　以上、1970年代からの交際費支出の推移を概観した。果物の交際費支出は実質金額では1990年代初めの約800円をピークに近年では1カ月400円台後半から500円程度の水準を保っている。これは外食・菓子類につぐ支出金額である。これを項目別の総支出に占める交際費支出の割合として捉えると、2016年時点で菓子類の22％、外食の15％につぐ14％となり、酒類の8％や魚介類の6％、増加傾向にある調理食品の4％を大きく

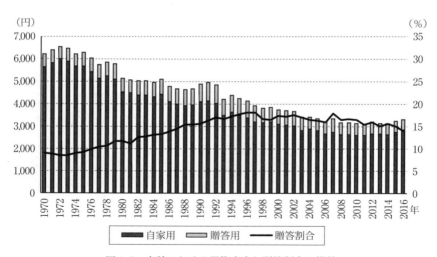

図1-3　家計における果物支出と贈答割合の推移

注：1）「用途分類」を「自家用」、交際費を「贈答用」、交際費の割合を「贈答割合」とする。自家用＋贈答用＝果物総支出となる。
　　2）2人以上の世帯。2004年以前は農林漁家を除く結果。
　　3）2015年基準の消費者物価指数（総合）で調整済み。
資料：「家計調査結果」（総務省統計局）を加工。

引き離している。菓子類も果物もともに総支出に占める交際費の割合は1970年代から上昇しているが、伸び率としては果物の方が大きい。

　図1-3に果物支出の推移を示す[8]。果物全体としては、1972年に6,535円あったものが、2016年の3,311円まで半減しており、長期的な減少傾向にある。その中で自家用支出は1972年の5,980円をピークに2016年には2,845円まで減少する一方、贈答用支出はおおよそ一定の水準を保っているために、相対的に贈答用の比重が高まっていることがみてとれる。

4　月別・地域別にみた果物の贈答用支出

　次に、2014年から2016年の平均支出金額を用いて月別の贈答用支出をみる（図1-4）。果物総支出は1月から6月までは2,500〜3,000円程度で推移しているが、7月に上昇して3,500円を超え、8月の4,026円をピークに9〜11月は低下し、12月に再び上昇して4,261円となる。一方、贈答用支出は6月（408円）から上昇傾向を示して、7月（794円）・8月（932円）と12月（1,114円）に2つのピークを示しており、7月以降の総支出の変動の多くは贈答用支出の影響によるところが大きい。これを果物総支出に占める贈答用支出の割合でみると、1〜5月までは1割に満たないが、6月に14％、7〜8月に23％と大幅に上昇する。9月以降はいったん減少するが、12月には再び上昇して26％を占めるようになる。すなわち、7〜8月と12月には果物需要の2割以上が贈答用支出に向けられており、中元・盆、歳暮期に果物の贈答利用が増加していることがわかる。

　それでは、果物のうちのどの品目が贈答用として購入されているのであろうか。家計調査の品目分類では、果物の細目としてリンゴから果物加工品まで16の品目に分かれて掲載されている。しかし、用途分類では生鮮果物と果物加工品の2項目しか掲載されていない。そのため、品目ごとに両者の差額から交際費を算出することはできない。そこで、交際費割合が高まる月に特に多く支出されている品目を調べ、これを贈答用に購入された品目とみなすことにする。

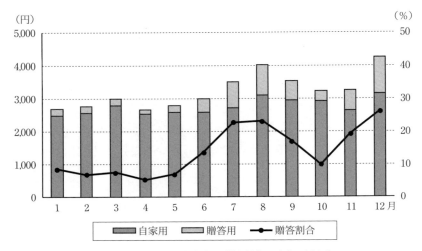

図1-4　月別の果物支出と贈答割合の変化（全国）

注：1）2014-2016年平均。

　　2）2人以上の世帯。

資料：「家計調査結果」（総務省統計局）を加工。

　以降は、より地域の範囲を限定するために、都道府県庁所在地のデータを用いて分析を行う。各都市の月別の果物支出（2014〜2016年平均）を算出したところ、青森市、盛岡市、山形市、福島市、甲府市、長野市、鳥取市、岡山市、松山市の9都市において、贈答割合が50％を超える月があることがわかった。これは、この時期に果物に支出される金額の半分以上が贈答用に向けられていることを意味する。したがって、これら各都市の月ごとの品目別支出を確認していく（図1-5-1、図1-5-2、図1-5-3）。

　青森市で贈答用支出の割合が50％を超えている月は11月（贈答割合52％、以下同様）と12月（59％）で、この時期に支出が多い品目はリンゴである。盛岡市も同様に、贈答割合が増加した12月（52％）にリンゴの支出が増加している。山形市の場合、6月（65％）と7月（72％）に贈答割合が高まる。この時期に支出が増加するのは「他の果物」であるが、時期的・地域的にみて、サクランボに支出されていると考えられる[9]。また、

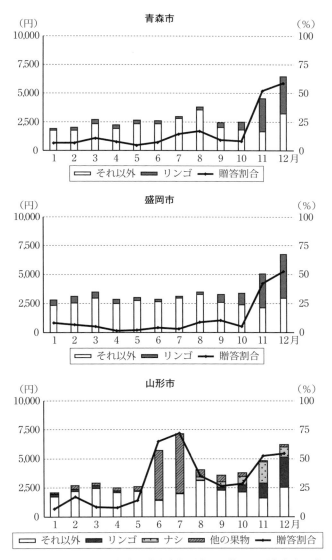

図 1-5-1　贈答割合が 50％を超える都市と支出金額が多い果物品目（青森市、盛岡市、山形市）

注：1) 2014-2016 年平均。2 人以上の世帯。
　　2)「交際費の割合を「贈答割合」とする。
　　3)「それ以外」は表示されている以外の全ての果物品目。果物加工品を含む。
資料：「家計調査結果」（総務省統計局）を加工。

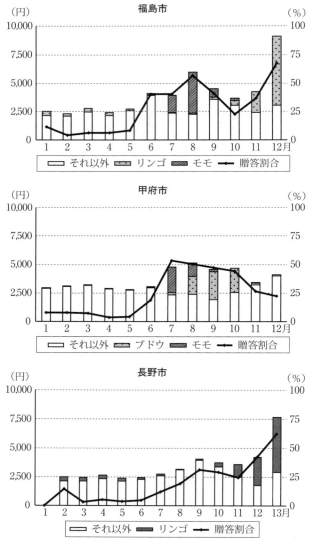

図 1-5-2　贈答割合が 50％を超える都市と支出金額が多い果物品目（福島市、甲府市、長野市）

注：1）2014-2016 年平均。2 人以上の世帯。

　　2）交際費の割合を「贈答割合」とする。

　　3）「それ以外」は表示されている以外の全ての果物品目。果物加工品を含む。

資料：「家計調査結果」（総務省統計局）を加工。

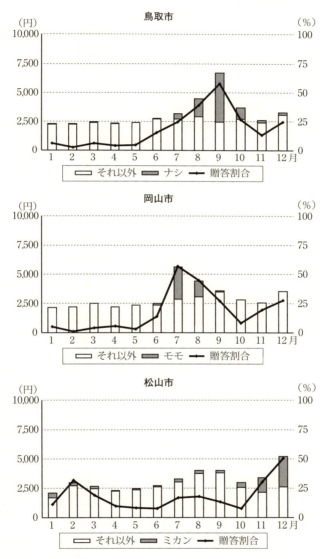

図 1-5-3　贈答割合が 50％を超える都市と支出金額が多い果物品目（鳥取市、岡山市、松山市）

注：1) 2014-2016 年平均。2 人以上の世帯。
　　2) 交際費の割合を「贈答割合」とする。
　　3) 「それ以外」は表示されている以外の全ての果物品目。果物加工品を含む。
資料：「家計調査結果」（総務省統計局）を加工。

11 月（52％）はナシとリンゴ、12 月（54％）はリンゴの支出が多い[10]。福島市は 8 月（57％）にモモへの支出が増加し、12 月（68％）はリンゴの支出が増加している[11]。甲府市では 7 月（54％）はモモ、8 月（50％）はモモとブドウの支出が多くなる。また、9〜10 月は贈答割合が 50％をわずかに下回るものの、引き続きブドウの支出が多くなっている。長野市は 12 月（62％）にリンゴが急増している。鳥取市は 9 月（58％）にナシの支出が多くなっている。岡山市は 7 月（57％）にモモの支出が増加しており、松山市は 12 月（51％）にミカンの支出が増加している。

　このようにみると、各県の主要都市で贈答用に購入される傾向にあるのは、その県で多く生産される果物であると考えることができる。そこで、果物の品目ごとに産出額の多い都道府県を調べた（表 1-2）。表中の数値は、各都道府県庁所在地において、当該品目への支出がもっとも増加する時期の贈答割合を示している。これをみると、先に 9 都市で贈答割合が 50％を超える月に支出金額が増加する品目、具体的には、愛媛県のミカン、青森県・長野県・山形県・岩手県・福島県のリンゴ、山梨県のブドウ、鳥取県のナシ（日本ナシ）、山梨県・福島県・岡山県のモモ、山形県のサクランボ（オウトウ）とナシ（西洋ナシ）が全て産出額 5 位以内に入っていることがわかる[12]。すなわち、各主要都市で贈答用に購入される果物は、全てその地域において産出額の多い品目であることが確認できた。

　また上記以外にも、各主要都市において産出額と贈答割合との関連がみられる品目がある。和歌山県・静岡県・熊本県のミカン、茨城県と福島県の日本ナシ、茨城県のメロン、和歌山県と長野県のモモ、岐阜県のカキなどは、贈答割合が 3 割を超えている。一方で、イチゴやスイカは産出額と贈答割合との関連は確認できなかった[13]。

　このように、都市により品目により程度の差はあるが、概ね産出額の多い都道府県の主要都市においてその品目を贈答利用する傾向がみられるといえるであろう。

　また、これらの購入時期に注目すると、ミカンやリンゴ、オウトウのよ

表1-2　品目別産出額の多い都道府県と当該品目購入時期の果物贈答割合

（単位：%）

品目	1位	2位	3位	4位	5位	購入時期
イチゴ	栃木 (13.3)	福岡 (4.5)	長崎 (5.0)	熊本 (9.9)	静岡 (11.5)	3月
ミカン	和歌山 (39.2)	静岡 (45.2)	愛媛 (50.5)	熊本 (35.7)	佐賀 (17.0)	12月
リンゴ	青森 (58.6)	長野 (62.2)	山形 (54.5)	岩手 (52.2)	福島 (67.5)	12月
ブドウ	山梨 (47.1)	長野 (29.1)	岡山 (27.5)	山形 (26.7)	福岡 (17.5)	9月
日本ナシ	千葉 (16.1)	茨城 (30.7)	鳥取 (57.6)	福島 (41.0)	栃木 (29.7)	8-9月
メロン	茨城 (34.8)	北海道 (27.5)	熊本 (27.3) +	静岡 (20.9)	山形 (71.8) +	5-7月
スイカ	熊本 (27.3)	千葉 (16.6) +	山形 (35.3) +	茨城 (23.4) +	鳥取 (24.9)	5-8月
モモ	山梨 (53.6)	福島 (56.6)	和歌山 (37.5)	岡山 (56.5)	長野 (31.2)	7-8月
オウトウ	山形 (71.8) +	北海道 (27.5) +	山梨 (18.7)	-	-	6-7月
カキ	和歌山 (31.3) +	奈良 (21.6) +	福岡 (11.5) +	岐阜 (42.9)	愛知 (16.6) +	11月
西洋ナシ	山形 (52.4)	-	-	-	-	11月

注：1）主要農産物において産出額が50位以内の果物および50位以下であるが贈答割合との関連がみられる西洋ナシを抜粋。また、各品目で産出額5位以内かつ20億円以上の都道府県を挙げる。

2）表中の（　）内の数値は、各都道府県所在地において当該品目の支出金額がもっとも多い月の果物贈答割合。

3）オウトウは「他の果物」の、日本ナシと西洋ナシは「ナシ」の支出金額を参照した。

4）「＋」は当月と同じ月に当該品目より支出の多い品目があることを示す。

5）下線は先に挙げた9都道府県に準じて贈答用に支出されたとみられる品目を示す。

資料：平成25年生産農業所得統計（農林水産省）、「家計調査結果」（総務省統計局）。

うに、中元・盆や歳暮など一般に贈答が多いといわれる時期と重なる果物が多くみられる。その一方で、9月のブドウと日本ナシ、11月のカキと西洋ナシのように、それ以外の時期に贈答用として購入されている品目も存在する。このことは、各生産地の消費者が当該品目の出荷時期にあわせて贈答利用していることを示唆している。

　以上、月別・地域別の果物贈答支出を調べた結果、時期によって果物支出の半分以上が贈答用となる地域の存在が明らかとなった。贈答割合が高くなるのは、ミカン、リンゴ、ブドウ、ナシ、モモ、サクランボなどの産出額が多い都道府県の主要都市で、出荷時期に合わせる形で購入されており、一般に贈答需要が増加すると考えられる中元・盆・歳暮期以外でも、贈答割合が増加する傾向がみられた。

5　小括

　本章では、家計調査の品目分類と用途分類の差額から、家計における贈答用果物への支出金額を算出し、時系列および月別・地域別の分析を行った。その結果、家計における果物支出が減少傾向にある中で、果物の贈答需要の比重が増加していること、および贈答用果物の購入割合が高い地域では、その地域で産出額の多い果物が贈答用として利用されることを明らかにした。

　さらに、一般に贈答が多くなる中元・盆・歳暮の時期に果物の贈答利用が増加しており、この時期に旬を迎える果物が贈答用として多く利用されることを示した。しかしその一方で、中元・盆・歳暮以外の時期であっても贈答用に購入される果物があり、果物の旬の時期に合わせる形での贈答利用を確認することができた。したがって、時期的に贈答用に向かないと考えられてきた品目であっても、季節感をアピールする形で贈答需要の掘り起こしが可能になると考える。

　また、地域の生産物に対するこうした地元消費者の贈答需要の高さは、高級果物の販売戦略として重要な意味をなすといえよう。通常、高品質指

向で差別化された果物の販売チャネルとしては、首都圏など大都市の卸売市場への出荷がまずは挙げられるが、こうしたチャネルは全国レベルの熾烈な競争にさらされることになる。さらに、新たにブランドを確立しようとする産地にとっては、広告や宣伝は不可欠な要素となるが、テレビ、新聞などマス媒体を利用した広告が膨大なコストを要することは想像に難くない[14]。しかし、地元の生産物を強く選好する消費者が身近にいれば、他産地との競争に巻き込まれることはなく、広告費用も大幅に削減することが可能になるであろう。本章で得られた結果は、地元消費者を贈答用果物の販売ターゲットに据えることが、販売戦略の1つとして有効であることを示唆するものである。

注

1) 例えば、阪本ら（2007）は家計における生鮮果物消費の減少要因を示し、柳本ら（1998）は果物消費の周年化について明らかにしている。また、石橋（2006）は高齢者の果物消費のかなりの部分が贈答用である可能性について触れているが、具体的な数値は明らかにされていない。

2)「接待用支出」が含まれているため厳密に贈答用支出とはいえないが、「世帯外の人のために使う」経費として、ここでは広い意味で贈答用支出と捉える。

3) 厳密には、表1-1に表記された品目分類の「交際費／食料」は5,887円で1円の差があるが、表章単位未満を四捨五入しているためと考えられる。

4) 中安・相原（1994）は同様の方法で「贈答用支出金額」を算出し、1970年と1992年の贈答用比率の比較から、果実の贈答用需要の増加と多様化の傾向を明らかにしている。

5) 表1-1は総世帯の1カ月間の家計支出を示す。平成27年国勢調査（総務省）より、2015年の総世帯数（53,448,685）を用いて1年間の支出総額を求めたところ、贈答用果物の市場規模は2,732億円と推計される。

6) データの継続性の関係から、以降は2人以上世帯について分析を行う。また、時系列データについては2015年基準の消費者物価指数（総合）で調整している。なお、磯島（2010）では同様の分析を2005年基準の消費者物価指数（総合）で調整しているため、提示される支出金額には若干の差異が生じている。

7) ここでは2人以上世帯（2016年）の金額を用いているため、表1-1の総世帯（2015年）の数値とは一致しない。

8) ここまで、「外食」のように「贈答」の言葉になじまない項目も扱うため家計調査の項目に従って「交際費」という用語を用いていたが、以降は果物に限定して論じるので、本論の趣旨に沿って、交際費支出を「贈答用支出」と表現する。

9）家計調査によると「他の果物」の内容としては「アンズ、サクランボ、プラム、山桃、スモモ、イチジク、ビワ、生栗、パイナップル、アボカド、パパイヤ、マンゴー、ライチ、果物の盛り合わせ」が例示されている。

10）家計調査の「ナシ」は日本ナシと西洋ナシを含む。

11）2011年3月に発生した東日本大震災とそれに伴う東京電力福島第一原子力発電所事故は東北地域の農業に甚大な被害をもたらし、そこに居住する消費者の購買行動にも影響を及ぼした。特に、福島県の農産物に対しては、事故から約1年が経過した後も消費者の間に放射性物質汚染への恐怖感が存在しており、消費者の厳しい評価に直面していると言われる（氏家 2012）。また、小松（2013）によると福島県産の果物に対しては、生産者を応援するために積極的に購入している消費者がいる一方で、贈答された福島県産果物に対して強い拒絶を示す消費者の存在も確認されている。そこで、震災以降の福島市の果物支出を確認したところ、自家用支出は1カ月当たり2,000円程度で大きな変化はみられないが、同じく2,000円程度あった贈答用支出が、2011年は530円、2012年は878円、2013年は871円と大幅に落ち込んでいた。しかし、2014年には1,760円と震災前に近い水準まで戻しており、本論で示した2014-2016年平均では、果物贈答支出が多い他の都市と比較しても遜色ないほどまで回復している。

12）表中で山梨県のブドウは贈答割合が50％を下回っている。山梨県（甲府市）のブドウの支出金額は8月が1,550円、9月が2,455円、10月が2,144円となるため、ここでは9月の贈答割合を掲載している。8月はブドウとモモを合わせた支出金額が2,748円となり、贈答割合は50％に達する。

13）スイカの欄は山形県で贈答割合が35％と高いが、山形市のスイカ支出金額がもっとも高い8月は、スイカ593円に対し、モモ813円、ブドウ713円、他の果物642円とスイカ以外の果物への支出が多く、スイカへの支出が贈答割合に影響しているとは考えにくい。

14）佐藤（1998）は、産地名やブランド名を消費者に定着させ、製品差別化の効果を確実なものとするために、広告や宣伝は不可欠な要素であるとし、具体的な方法として、テレビ、新聞などマス媒体を利用した広告とスーパーの店頭での試食による店頭販促が重要な役割を果たしていると述べる。

第2章　自家用および贈答用リンゴに対する
消費者ニーズの解明

1　はじめに

　第1章では家計調査の分析から、果物生産地の地元消費者を贈答用果物の主要な販売ターゲットに据えることが有効であると述べた。そこで本章では、果物生産地に居住する消費者を対象とした調査を実施し、贈答用果物に対するニーズを明らかにすることを試みる。

　第1章でみたように、リンゴは青森県、長野県、山形県、岩手県、福島県など東北地方を中心に多くの地域で生産されており、地元消費者による贈答利用の多い果物である。一方、国内で周年供給が可能で出荷量も多く、自家消費に適した大衆果物としての側面もあわせ持つ。このようにリンゴは自家用と贈答用との2通りの用途で購買が行われており、その消費者ニーズも用途によって異なるということは、誰しも経験的・感覚的には認識しているところであろう。しかし、具体的にどのような消費者ニーズがあるのかということについて、取り組んだ研究は少ない[1]。

　近年、多様化した消費者ニーズを把握する手段として、あらかじめ調査項目を設定し、その範囲内で回答してもらうアンケートなどの定量的調査ではなく、消費者自身の自由な発言から新たな情報を得る定性的調査の重要性が指摘されている。定性的調査は探索型リサーチの手段としてよく活用される。また、消費者の行動や考え方の背景および理由を総合的に調べるので、購買行動の背景に様々な要因が関係すると想定される本章のような事例において適した調査法といえる。

　そこで本章では、消費者を対象とした定性的調査から、自家用および贈答用リンゴに対する評価構造の抽出を行い、消費者ニーズの解明を試みる。

2 方法

1）調査の概要

　調査は、いわて生協組合員 10 名を対象に行った[2]。年齢は 20 代が 1 名、30 代・40 代・50 代が各 2 名、60 代が 3 名である。2007 年 10 月から 2008 年 2 月までの 5 カ月間、リンゴの購入状況について記帳調査を行い、その結果をもとに 2008 年 3 月に面接調査を行った。記帳内容は、リンゴを購入もしくは入手した日付、品種、数量、価格、入手先、リンゴの特徴、用途（自家用・贈答用）、購入理由、購入の決め手、感想となっている。面接調査では、記帳内容の確認と家族の状況、リンゴに対する意識などをヒアリングした上で、評価グリッド法による自家用および贈答用リンゴに対する評価構造の抽出を行った。

2）評価グリッド法

　評価グリッド法とは、臨床心理学の分野で治療を目的に開発された面接調査手法（レパートリー・グリッド手法）をベースに改良・発展させた個別インタビュー手法である[3]。人間の認知構造は、客観的・具体的な理解の単位を下位に、感覚的理解を中位に、より抽象的な価値判断を上位に持つ階層的な構造であるという前提に立っている。評価グリッド法は、この構造のうち評価に関する部分だけを選択的に取り出し、その構成単位である評価項目とその評価構造を回答者自身の言葉によって明らかにすることを狙った調査手法である。

　評価グリッド法の特徴は、比較対象物を用意しておいてこれを比較評価させ、その評価判断の理由を聞くことにある。今回の調査では、提示した比較対象物をまず、その評価の高さによって 3 つのグループに分類してもらった。その上で、あるグループが他のグループと比較して良いと判断した理由を答えてもらう[4]。そして、挙げられた項目それぞれについて、「そうであることは、あなたにとってどんな良い点がありますか」と上位概念の誘導を行い、その項目を評価した理由をたずねる。さらに、「そう

であるためには、具体的に何がどうなっていることが必要ですか」と、下位概念の誘導を行い、具体的な条件をたずねる。この聞き取りの結果を、評価項目を中心にして、上位概念を左側に、下位概念を右側に置くことにより、評価構造を階層的に示すことができる（図2-1）。

　評価グリッド法を適用するメリットについては、以下のことが言われている。まず、このように比較評価からその理由をたずねるという形式を採用することによって、「あなたはこの商品に対して、どんなニーズをお持ちですか」と直接的な質問をするのに比べ、回答者ははるかに容易に自身の評価項目を言語化できる。また、回答者には100％の回答の自由を確保しつつも、調査自体は一定の手順に従って進められるため、従来の一般的なインタビュー調査のように、調査結果が調査者の個人的能力に大きく依存するといったことがなく、調査者の主観の混入も最小限に抑えられる。さらにインタビューの結果のとりまとめに際し、回答者の評価構造を階層

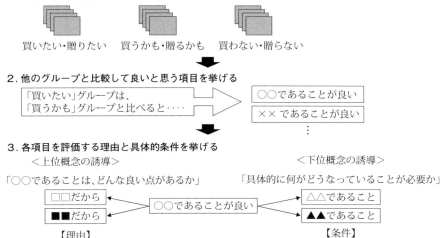

図2-1　評価グリッド法の手順

的ダイアグラム形式で表現する方法を採用することで、回答者のニーズを構造的に、かつわかりやすく表現することが可能になるといわれる。

3）リンゴに関する評価構造の抽出

　本章では、自家用リンゴと贈答用リンゴそれぞれについて評価グリッド法による評価を行った。自家用については、記帳調査で得られたデータを基に品種、価格、数量、購入先その他の情報を記述したカード 20 枚を提示した（表 2-1）。品種は、ふじ、サンふじ、早生ふじ、ジョナゴールド、王林、つがる、さんさ、紅玉、北斗、陽光、ハックナイン、千秋、黄王、シナノゴールド、シナノスイート、黄香の 16 種類（組み合わせ 2 種類）、数量は、1〜10 個、価格は 1 個当たり 15〜199 円、購入先は農産物直売所、スーパー、生協共同購入、生協店舗、農家から直接、八百屋の 6 種類、産地は岩手県、岩手県内の市町村名、青森県、山形県・長野県となっている。生産・出荷元は、JA 名や生産者名・法人名などである。また、その他として、「蜜入り」「葉とらずリンゴ」「キズあり」などを記したものが半数ある。これらをまず、「買いたい」「買うかもしれない」「買わない」の 3 グループに分けてもらい、それぞれのグループ間で一方が他方よりも良いと判断した理由を挙げてもらった。さらに、それぞれの項目について、上位概念および下位概念の誘導を行った。

　贈答用リンゴについては、実際に配布されたカタログのコピーを提示した。提示したチラシ 10 枚には、1〜16 アイテムの商品が掲載され、全部で 60 アイテムを提示したことになる（表 2-2）。商品内容としては、産地は岩手県（東長岡果樹生産組合、JA いわて中央、JA 江刺など）および青森県・山形県、品種はふじ、王林のほか金星、陽光、シナノゴールドなど、数量は 2〜15 kg で、玉数では 3〜54 玉、このうち 3 玉はラ・フランスなど他の果物とのセットとなっている。金額は 2,980〜1 万 1,500 円の範囲である。これらも「贈りたい」「贈るかもしれない」「贈らない」の 3 グループに分類した後、その理由を挙げてもらい、各項目について上位概念・下

表 2-1　自家用リンゴの評価に用いたカードの内容

No	品種	数量	価格	購入先	産地	生産・出荷元	その他
1	ふじ	10 個	150 円	農産物直売所	紫波町		
2	サンふじ	4 個	300 円	スーパー	盛岡市	生産者：○○××	「蜜入り」表示
3	サンふじ	中 1 個	180 円	スーパー	岩手県	JA 江刺	「葉とらずりんご」
4	早生ふじ	6 個	280 円	八百屋	青森県	JA 青森	キズ入り、大小混合
5	ジョナゴールド	7 個（徳用）	398 円	生協共同購入	紫波町	東長岡果樹生産組合	産直品：特別栽培リンゴ　キズあり
6	王林	1 個	58 円	スーパー	岩手県		「キズ入りですが、味は抜群です」表示
7	王林	小玉 5 個	398 円	生協共同購入	青森県	JA 相馬村	生協提携品
8	つがる	5 個	500 円	農家から直接	滝沢村	○○果樹園	
9	さんさ	6 個	295 円	スーパー	岩手県		
10	紅玉	6 個	300 円	農産物直売所	一戸町	生産者：○○××	
11	北斗	3 個	230 円	スーパー	遠野市	生産者：○○××	
12	陽光	1 個	98 円	生協店舗	岩手県		
13	ハックナイン	2 個	150 円	農産物直売所	岩手県	生産者：○○××	
14	千秋	3 個	180 円	農産物直売所	花巻市	生産者：○○××	
15	黄王（きおう）	4 個	398 円	スーパー	盛岡市	○○果樹園	盛岡特産品ブランド認証「盛岡りんご」シール
16	シナノゴールド	中 3 個	580 円	生協店舗	岩手県	JA 江刺	
17	シナノスィート	中 3 個	498 円	スーパー	山形県・長野県		
18	黄香（おうか）	2 個	398 円	生協共同購入	岩手県	JA 全農いわて	いわてオリジナル新品種試験販売
19	ふじ・王林	6 個（3+3 個）	627 円	スーパー	青森県	○○農園	糖度保証りんご13 度以上
20	つがる・さんさ	10 個（5+5 個）	750 円	農産物直売所	紫波町	生産者：○○××	「農薬・化学肥料使用量50％以下」シール

表2-2　贈答用リンゴの評価に用いたカタログ類の内容

カタログ	アイテム	産地・生産者・販売者等	商品名（品種）	数量	価格
1	1		産直ふじ	5kg（大・中玉14〜18玉）	3,400円
	2			10kg（大・中玉28〜36玉）	6,300円
	3			15kg（大・中玉42〜54玉）	8,800円
	4	岩手県・東長岡果樹生産組合	産直ふじ・王林	5kg（大・中玉14〜18玉）	3,200円
	5			10kg（大・中玉28〜36玉）	6,000円
	6			15kg（大・中玉42〜54玉）	8,400円
	7		産直特選ふじ	5kg（大玉12〜16玉）	4,100円
	8			10kg（大玉24〜32玉）	7,500円
	9		産直特選ふじ・王林	5kg（大玉12〜16玉）	4,100円
	10			10kg（大玉24〜32玉）	7,500円
	11	岩手県・JAいわて中央都南支所	サンふじ「純蜜倶楽部」	5kg（大玉サイズ14〜18玉）	4,200円
	12	岩手県・JAいわて中央都南支所・いわい東農協・北いわて農協	サンふじ「みつ姫」	3kg（大玉8〜10個）	4,000円
	13		サンふじ「みつ姫」	5kg（大玉14〜20玉）	5,500円
	14		サンふじ・王林	5kg（16〜18玉）	4,200円
	15		サンふじ・王林	10kg（32〜36玉）	6,800円
	16		サンふじ	5kg（20玉）	3,600円
	17	岩手県・JA江刺	サンふじ	5kg（18玉）	4,200円
	18		サンふじ	10kg（40玉）	5,800円
	19		さんふじ	10kg（36玉）	6,300円
	20		サンふじ	10kg（28〜32玉）	7,800円
2	21	岩手県・JA江刺稲荷崎りんご園	サンふじ「サンシャワーサンふじ」	中玉5kg（20玉）	3,800円
	22			大玉5kg（14〜18玉）	4,800円
	23		サンふじ（秀品）「化粧箱入」	5kg（16〜18玉）	5,900円
	24			10kg（32〜36玉）	11,500円
	25	岩手県・JA江刺	サンふじ（秀品）	5kg（20玉）	4,800円
	26			10kg（40玉）	8,800円
	27		サンふじ・シナノゴールド	5kg（16〜18玉）	4,800円
	28		サンふじ秀品（岩谷堂箪笥）	3kg（特選品8玉）	30,000円
	29		サンふじ・金札米セット	ふじ18個、米3kg×2袋	8,800円

組	No.	産地・生産者	商品名	規格	価格
	30		サンふじ（丸秀）	5 kg（M×20玉）	3,980円
	31		サンふじ・王林セット	5 kg（L×18玉，各9玉）	4,500円
	32		サンふじ（丸秀）	L×9玉	2,980円
	33		サンふじ・王林セット	10 kg（L×36玉，各18玉）	7,980円
3	34	岩手県・JA江刺	サンふじ（丸秀）	5 kg（L×18玉）	4,500円
	35		サンふじ（秀）	10 kg（L×36玉）	6,500円
	36		サンふじ（秀）	10 kg（L×36玉）	8,800円
	37		サンふじ（丸秀）	10 kg（2L×32玉）	6,800円
	38		サンふじ（丸秀）	10 kg（M×40玉）	5,800円
	39		サンふじ（秀）	3L，8玉入	3,980円
	40		サンふじ（丸秀）	5 kg（2L×16玉）	4,980円
	41		サンふじ・シナノセット	5 kg（L×18玉）	4,500円
	42	青森県・板柳町の成田さん	フードアルチザンサンふじ	10 kg（3L×28玉）	6,800円
	43	青森県	三日月金星	約2 kg，6玉	3,980円
	44	山形県	葉とらずりんご（サンふじ）	約3 kg，10玉	3,980円
4	45	青森県	津軽の魁りんご（サンフジりんご）	4.8 kg（14〜15玉）	3,500円
	46		津軽の魁りんご（サンフジと王林）	4.8 kg（各7〜8玉）	3,500円
5	47	青森県	味自慢無袋ふじりんご	Lサイズ12玉入	3,500円
6	48	青森県・平賀町	自信作・内山国にさんグループの葉とらず栽培蜜入り無袋ふじりんご	Lサイズ12玉入	3,800円
	49	青森県	味自慢無袋ふじりんご・王林りんご詰合せ	Lサイズ各6玉入	3,300円
7	50	山形県・村山地区	蜜入り無袋ふじりんご、味自慢ラ・フランス詰合せ	Lサイズ各6玉入り	3,800円
	51	山形県・村山地区	味自慢無袋ふじりんご	Lサイズ12玉入り	3,500円
	52		味自慢無袋ふじりんご 福島産あんぽ柿詰合せ	Lサイズ6玉	3,990円
8	53	山形県	自信作詰合せ 佐藤さんのふじりんご・武田さんのラフランス・福島産岡崎さんのあんぽ柿	Lサイズ3玉	3,990円
9	54	青森県・（有）成田りんご園	サンふじ	5 kg（14〜18個）	4,400円
	55		りんごエクセルセット	5 kg（14〜18個）	4,400円
	56	青森県・キタエアップル（株）	サンふじ＆王林結合せ	3 kg（10〜11個）	3,200円
	57		サンふじ＆王林＆ジョナゴールド詰合せ	5 kg（18〜20個）	4,800円
	58	青森県・全国農協食品（株）	サンふじ、ラ・フランス	5個	3,000円
10	59	岩手県・広吉園	りんご 5kg	5 kg（16個）	3,400円
	60		りんご 10kg	10 kg（34個）	5,600円

位概念の誘導を行った。

3 結果と考察

1）リンゴの購入状況

　まず、調査対象者のリンゴ購入の概要を表 2-3 に示す[5]。購入個数は贈答用も含まれているが、60 代の 3 名が格段に多く購入していることがわかる。同様に、支出金額もこの 3 名が多い。リンゴの購入単価を回答者別

表 2-3　回答者のリンゴ購入状況

	年齢	世帯員数（人）	購入個数（個）①	贈答個数（個）②	いただき個数（個）③	自家消費個数（個）①-②+③	支出金額（円）	最安値（円）	最高値（円）	主な購入先	リンゴ贈答
A	20 代	4	27	0	48	75	600	10.0	35.7	直売所	経験なし
B	30 代	5	0	0	92	92	0	−	−	−	経験なし
C	30 代	6	51	0	58	109	3,363	30.0	111.7	スーパー／直売所	経験あり
D	40 代	4	28	0	10	38	2,382	40.0	128.0	スーパー	経験なし
E	40 代	4	66	3	90	153	5,879	50.0	198.0	スーパー／直売所	お見舞い
F	50 代	10	44	0	90	134	3,748	49.7	199.0	生協共同購入	経験なし
G	50 代	2	47	0	55	102	3,059	49.2	95.0	直売所／スーパー	経験あり
H	60 代	2	562	447	6	121	22,070	15.0	50.0	直売所／農家	毎年贈答
I	60 代	2	181	36	15	160	15,884	31.4	233.3	直売所／生協	毎年贈答
J	60 代	3	213	54	0	159	21,505	36.8	208.3	八百屋／生協／直売所	毎年贈答

注：1）箱買いのため個数が不明の場合、5 kg を 18 個、木箱 1 箱を 20 kg（72 個）で換算。
　　2）自家消費個数＝購入個数−贈答個数＋いただき個数。
　　3）最安値・最高値は、リンゴを購入したときの価格を個数で割って算出した単価のうち、もっとも安い値ともっとも高い値。
　　4）調査期間は 10 月〜2 月だが、9 月に購入した分も可能な限り記入してもらった。
資料：記帳調査および聞き取りにより作成。

にみると、最安値は全員 50 円以下だが、最高値は 50 円以下が 2 名、100円前後が 3 名、200 円前後が 4 名と幅がある。購入個数から贈答用の個数を引き、いただき物の個数を足した数を自家用個数としたが、これをみると、購入個数の少ない世帯を含め、ほとんどが 100 個以上のリンゴを消費していることがわかる。主な購入先としては、農産物直売所で購入している回答者が多くみられた。

　リンゴの贈答については、毎年贈答しているという回答者は 60 代の 3名、他に、リンゴを贈答用に使った経験のある回答者は 2 名いて、半数の回答者が贈答用としてリンゴを購入した経験があることがわかる[6]。また、リンゴを贈った経験のない回答者にその理由をたずねたところ、「そもそも中元・歳暮の習慣がない」という者が多く、その中には、「今は親がやっているので、いずれ自分がやることになるかもしれない」という回答者もいた。また、県内の親戚が多いので、「リンゴは既に持っているだろう」という判断から別のものにしているという回答者もおり、県外に贈る相手がいればリンゴを贈るかもしないと発言している。

2）自家用リンゴの評価

　以下では、自家用リンゴに対する評価構造の抽出結果について述べる。まず、すべての回答者が口にしたのは価格に関する評価である（図 2-2-1）。「安すぎない」「値段が手頃」「高すぎない・安い」という評価項目が抽出されている。「安すぎない」ことを評価した回答者は 5 名いて、その上位概念として抽出された理由には「安すぎると心配である」「おいしいものを買いたい」などが挙げられる。また、下位概念として抽出された条件には、具体的な金額が挙げられており、「10 個 150 円は安すぎる」とした回答者が 3 名、他に、「50〜60 円だと安い」という声もあった。「値段が手頃」であることや「高すぎない・安い」ことを評価する理由はいくつか重なっており、「リンゴ以外の他のものも買いたい」「自家用には高いものは買いたくない」という、いわば「あまりお金をかけたくない」という

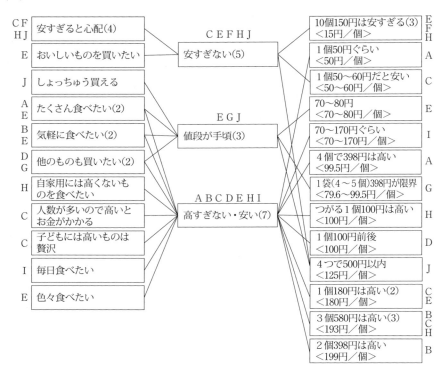

図 2-2-1　自家用リンゴの評価構造図（価格）

注：アルファベットは回答者を、数字は回答した人数を示す（以下同様）。
資料：聞き取り調査より作成。

ニーズと、「たくさん食べたい」「気軽に食べたい」「毎日食べたい」など
の「気軽にたくさん食べたい」というニーズがあることがわかる。この手
頃な価格、高すぎない価格というのは、回答者によって幅があるが、だい
たい１個100円を超えると「高い」と感じる回答者が多いといえよう。
　品種については、「シーズン中に食べたい品種」として、さんさ、紅
玉、陽光など様々な品種が挙げられた（図2-2-2）。その理由としては、「季
節感を味わいたい」「おいしい時期に食べたい」というニーズがみられ
る。さらに、シナノゴールド、シナノスイート、ハックナインなど調査当

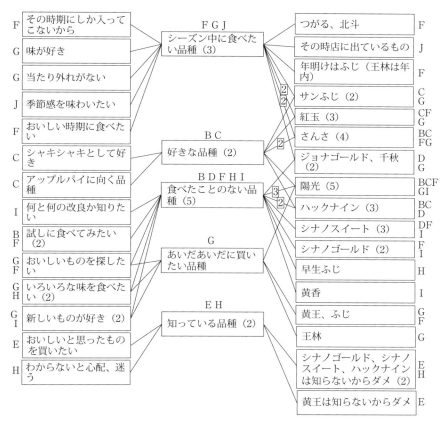

図 2-2-2　自家用リンゴの評価構造図（品種）

時あまり知られていなかった品種については、「おいしいと思ったものを買いたい」「わからないと心配」と敬遠する回答者が2名いる一方で、これら食べたことのない品種を買いたいという回答者は5名いた。その理由としては、「試しに食べてみたい」「おいしいものを探したい」「色々な味を食べたい」などが挙げられ、新しいもの・珍しいものに対する好奇心の強さが示された。

　数量については、3〜5個程度の袋売りが人気で、割安であること、た

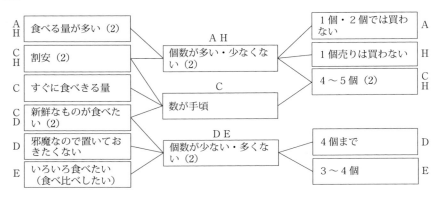

図 2-2-3　自家用リンゴの評価構造図（数量）

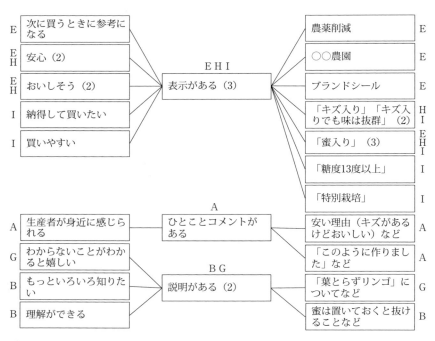

図 2-2-4　自家用リンゴの評価構造図（表示）

くさん食べられる一方ですぐに食べきれる量であることがその理由として挙げられる（図2-2-3）。また、「個数が少ない」ことを評価している回答者の1人は、「新鮮なうちに食べてしまいたい」という理由の他に、「邪魔なので置いておきたくない」という理由も挙げている。

　他には、表示やコメントについての評価が多く上がった（図2-2-4）。「農薬削減」やブランドシール、糖度や特別栽培、「キズ入りでも味は抜群です」などと言ったコメントが評価されており、「おいしそう」「安心」「納得して買いたい」との理由が挙がった。また、「葉とらずリンゴ」や「蜜」についての説明があると、色々と理解できるので良いという意見もあり、解説によって知識を得たいというニーズがあることがわかる。

3）贈答用リンゴの評価

　次に、贈答用リンゴに対する評価構造の抽出結果をみる。まず価格については自家用と同様、安すぎず、高すぎず、手ごろな価格を望んでおり、1箱3,000〜6,000円の範囲が示された（図2-3-1）。安すぎると品質的に心配であり、高いとたくさんの人に贈るには大変だということで、歳暮とし

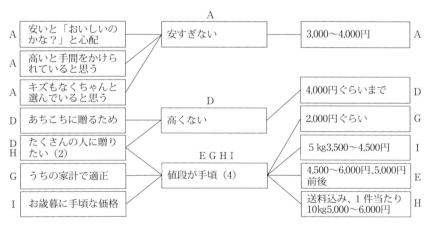

図 2-3-1　贈答用リンゴの評価構造図（価格）

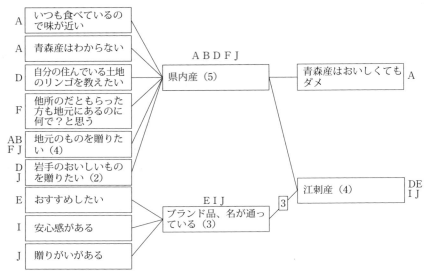

図 2-3-2　贈答用リンゴの評価構造図（産地）

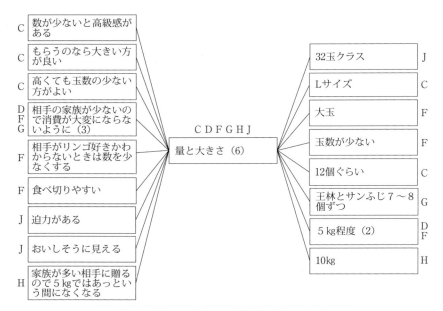

図 2-3-3　贈答用リンゴの評価構造図（数量・大きさ）

て手頃な価格が望まれているといえる。

　産地については、ほとんどの回答者が県内産を望んでおり、地元のもの・県内のおいしい物を贈りたいという気持ちが強くみられる（図2-3-2）。また、県内でも特に江刺など名の通った産地のものは、安心感がある、贈りがいがあるということで支持されている。

　数量についての関心も高く、大玉で少なめを望む声が多く挙がっている（図2-3-3）。大きいと高級感がある・迫力があるということ、また、数が多いと相手の消費が大変になるということを考慮した結果といえる。

　さらに、他の果物とのセットや、リンゴジュースとのセット、赤と黄色のセット、王林とふじなど数種類の品種のセットが良いとする声も多く挙がった（図2-3-4）。理由としては相手が楽しめるということがもっとも多

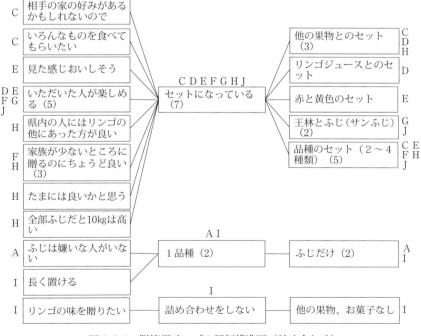

図2-3-4　贈答用リンゴの評価構造図（詰め合わせ）

く、それ以外に県内の人や、家族が少ないところには、色々と種類があった方が良いだろうという考えがみられた。一方、ふじ1品種が良いとする意見もあり、「ふじが嫌いだという人はいない」という理由と、「ふじは日持ちがするので」という理由が挙げられている。いずれも相手の消費を気遣う考えといえるであろう。

また、提示したカタログに関する評価も色々と出された（図2-3-5）。まず、写真については、色つやが良く明るい感じがしたり、リンゴのカット写真が入っていたりすると、イメージがしやすくておいしそうに見えるということ。さらに、保存期間や品種の特徴などの説明があると、相手にアドバイスができる、安心して贈ることができるということで、評価が高くなっている。また、ネーミングが良かったり、商品の特徴を示す言葉が

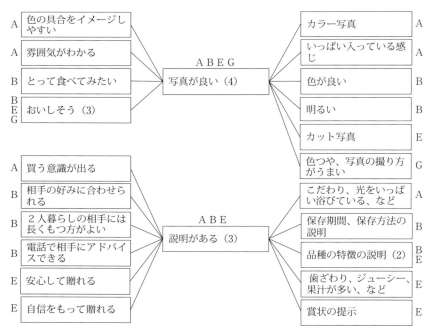

図2-3-5　贈答用リンゴの評価構造図（カタログの内容）

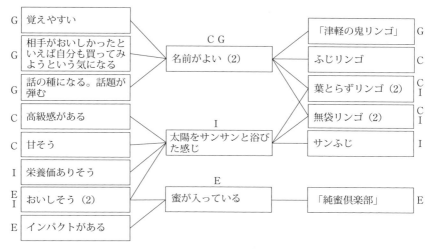

図2-3-6　贈答用リンゴの評価構造図（ネーミング）

あったりすると、話の種になる、高級感が出る、おいしそうということで
評価が高まった（図2-3-6）。

4）考察

　以上の結果から、自家用および贈答用リンゴに対するニーズをまとめる
とともに、ヒアリングの結果とあわせて考察を行う。自家用については、
適正とする価格は回答者によって幅があるが、1個100円を超えると高い
と感じる回答者が多い。個数は割安な3〜5個を望む者が多く、たくさん
食べられると同時に、新鮮なうちに食べきれる量であるということが理由
として挙げられる。また、「色々な味を食べたい」というニーズがあるこ
とに注目したい。ヒアリングの結果からは、ほとんどの回答者が好みの品
種としてふじを挙げていたが、消費者はその時々で色々な品種のリンゴを
味わいたいと考えていることがわかる。例えば、早生ふじの認知度はあま
り高くはないが、早い時期にふじが出れば買いたいという声は多かった。
しかしそれは選択肢の1つとしてあれば良いという意味で、ふじばかりに

なってしまったら、飽きてしまうので別の果物を買うだろうという発言も
みられた。したがって、自家用リンゴの購買を拡大するためには、季節感
のある品種の品揃えが重要であるといえるであろう。また、その際には、
それぞれの品種の特徴をわかりやすく説明することも重要である。コメン
ト等の表示は購入時の参考になるだけでなく、生産者への親近感を持たせ
ることにもつながる。さらに、解説によって知識を得たいというニーズが
あるので、消費者に楽しく買物をしてもらうためには、このような情報発
信も有効であると考える。

　一方、贈答用リンゴに対するニーズは、価格については1箱3,000〜
6,000円ぐらい、各家庭の歳暮として適正な価格が基準となる。大きいサ
イズの方が見栄えが良いと考えられており、カタログの写真は商品のイ
メージを捉えるための重要なポイントとなる。量は相手の消費を考慮して
少なめを望む傾向にある。複数品種や赤・黄の組み合わせ、他の果物との
セットなどで贈答相手にも楽しんでもらいたいと考えており、商品の説
明、ネーミングなども贈答相手とのコミュニケーションの材料として重要
である。また、県内産のものを贈りたいという意識が強くあり、中でも名
の通った産地のものは安心・贈りがいがあると考えられている。

　ヒアリングの結果をみると、リンゴに限らず基本的に贈答品には地元の
おいしい物を贈りたいとする回答者が多い。贈答用リンゴを購入した経験
のない回答者であっても、県内の乳製品や畜産加工品などを贈答品として
いる例がみられた。したがって、地元で名の通ったブランドが確立された
場合には、話題性と相まって贈答用リンゴの購買が拡大する可能性もある
といえよう。

　なお、リンゴを贈答品としない理由として、相手が消費しきれず持てあ
ますのではないかと心配する声が挙げられた。これについては、食べきり
やすい量で提供したり、セット内容を工夫したりすることによって対応可
能であろう。また、青果物であるリンゴを贈答品とすることに対して、品
質のバラツキを心配する声も多い。今回調査した回答者のほとんどは、リ

ンゴの糖度表示を目にしたことがないと述べており、自家用についてはその必要性も感じていなかった。しかし、贈答用リンゴについては、光センサーを導入して糖度保証をするなど、品質管理の徹底を積極的にアピールして、品質に対する不安感を取り除くことが重要であると考える。

4　小括

　本章では定性的調査手法である評価グリッド法を適用して、自家用および贈答用それぞれについてリンゴに対する評価構造を抽出し、消費者ニーズの解明を試みた。その結果、自家用リンゴに対しては「気軽に色々と食べたい」というニーズがあり、季節感のある品種の品揃えや商品の説明、および購入しやすい価格の設定などが重要であることを示した。贈答用リンゴに対しては、「相手に喜んでもらいたい」というニーズがあり、食べきりやすい量での提供やセット内容の工夫、話題性のある商品づくりと、その特徴を積極的にアピールすることが重要であることを示した。

　今回の調査から、リンゴ生産地の消費者は地元のおいしい物を贈りたいという意識を強く持っていることが確認された。第1章で示したように、地元の消費者を贈答用リンゴの販売ターゲットに据えることは販売戦略の1つとして有効であることが、今回の消費者調査によって裏付けられたといえよう。これらの結果をもとに、次章以降では消費者属性別のニーズの特徴を定量的調査によって明らかにするとともに、より多くの消費者にリンゴを贈答品として選択してもらえるような方策の検討を行う。

注
1) リンゴの消費者ニーズに関する研究では、輸入リンゴを視野に入れ安全性に関する消費者の潜在的需要構造を分析した中村ら（2007a）や、黄色新品種に対する食味評価を行った中村ら（2007b）などがあるが、いずれも果物生産地の消費者を対象としたものではなく、贈答用については論じていない。一方、福岡の主婦を対象に、贈答用果物に関する消費者ニーズを調べた研究として新開（1999）があるが、中元期の果物を対象としているためリンゴは含まれない。
2) 調査期間が長期に及ぶので、今回は継続的に購入状況を書き留めることに慣れていると

思われるいわて生協の家計モニターに依頼した。

3）評価グリッド法に関する詳細は讃井（2000）を参照のこと。

4）提示した比較対象物による評価項目の抽出が終了した時点で、もっとも評価の高かったグループに対する不満点をたずね、評価項目の補完を行った。

5）この中で、回答者Bが調査期間中に1回もリンゴを購入しておらず、調査対象として不適かとも考えたが、ヒアリングの結果、「いつもは直売所で購入しているが、今回はたまたまそちらに行く用事がなかったので買わなかった。例年リンゴはよく購入している」ということであったため、そのまま分析に加えた。

6）なお、回答者Eの「お見舞い」というのは、入院している友人に金星3つをお見舞いに持って行ったというもので、歳暮などの贈答にリンゴを贈ったことはないとのことであった。

第3章　リンゴ生産地における
消費者の贈答意識と購買行動

1　はじめに

　前章では、リンゴ生産地に居住する消費者を対象に記帳調査と面接調査を行い、自家用リンゴおよび贈答用リンゴの購買に関する意識構造を明らかにした。本章ではさらに、リンゴ生産地である岩手県盛岡市に居住する消費者を対象とした大量アンケート調査によって、果物生産地における地元消費者の贈答意識と購買行動を明らかにする。

2　調査の概要

　盛岡市は岩手県の県庁所在地で人口は約30万人。リンゴ生産は、青森県、長野県、山形県に続いて岩手県が第4位となるが、その岩手県内において盛岡市は第1位の出荷量を示す[1]。ただし、「盛岡りんご」の知名度はあまり高くはなく、ブランド力の向上が求められている[2]。

　盛岡市の家計における12月の果物支出は8,613円で、このうち贈答用として支出された割合は61％と、全国平均の31％を大きく上回る[3]。さらに、盛岡市では果物の贈答用支出が増加する11月から12月にかけてリンゴへの支出が多くなり、12月には果物支出の62％をリンゴが占める。このことから、贈答用として購入された果物の多くがリンゴであることが示唆される。

　また、12月に支出された食料費のうちの交際費を項目ごとにみると、盛岡市の果物への支出は全国平均よりかなり高いというだけでなく、盛岡市における他の食料交際費への支出金額と比較しても、突出して高いことがわかる（図3-1）。このように、本章で調査地とした盛岡市は、歳暮期の

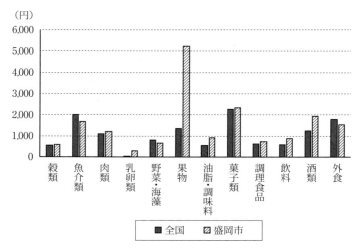

（円）

図 3-1　12 月の食料交際費支出

注：1）2006-2008 年平均。2 人以上世帯。
　　2）「交際費」は「品目分類」−「用途分類」によって算出。
資料：家計調査（総務省統計局）を加工。

贈答アイテムとしてリンゴの利用が盛んな地域と位置づけることができる。

　調査は 2008 年 12 月に、住民基本台帳ファイルから無作為抽出された盛岡市在住の 20 歳以上の男女 1,000 名に郵送で行った。回収数は 491 部。宛先不明で返送された 13 部を除く実質回収率は 49.7％である。この中から、必要な項目に欠損のある回答を除いた 411 部を分析に用いる。

　回答者には「ご家族の中でリンゴの購入やお歳暮期の贈答に関する設問にもっとも答えやすいと思われる方」を指定した。調査は、①回答者の属性に関する設問、②自家用リンゴに関する設問、③歳暮期の贈答に関する設問、④贈答用リンゴに関する設問、⑤盛岡ブランドに関する設問の 5 つに大きく分けられている。本章ではこのうちリンゴの贈答行為に関連が深いと思われる①回答者の属性、③歳暮期の贈答、④贈答用リンゴに関する設問を主に分析に用いる。回答者の属性は表 3-1 の通りである。なお、職

表 3-1　回答者の属性

（単位：人、%）

区分		人数	割合
性別	男性	156	38.0
	女性	255	62.0
年齢	20〜30 代	95	23.1
	40〜50 代	174	42.3
	60 歳以上	142	34.5
職業	有職	235	57.2
	無職	176	42.8
世帯員数	2 人以下	151	36.7
	3〜4 人	200	48.7
	5 人以上	60	14.6
18 才未満の子ども	いる	127	30.9
	いない	284	69.1
65 歳以上の高齢者	いる	181	44.0
	いない	230	56.0
出身	盛岡市内	209	50.9
	岩手県内の盛岡市以外	129	31.4
	岩手県外	73	17.8
年収	400 万未満	154	37.5
	400 万〜800 万未満	167	40.6
	800 万以上	90	21.9
全体		411	100.0

資料：アンケート調査より集計。

業は性別および年齢との関連が、世帯員数、子ども・高齢者の有無、世帯の年収は年齢との関連が強いことを確認している。

3　分析結果および考察

1）歳暮期の贈答

　まず、歳暮期の贈答に関する調査結果をみる。歳暮期に贈答を行う習慣があるかをたずねたところ、「毎年贈る」という回答が全体の 69 ％、「贈る年と贈らない年がある」が 10 ％、「贈答はしない」という回答は 22 ％

で、8割弱の回答者に歳暮の習慣があることがわかる（表3-2）。性別による回答には大きな差がないが、これは歳暮が世帯単位で行われているということが影響していると考える。年齢については、「毎年贈る」は60歳以上で特に多く、「贈答はしない」という回答は20〜30代で多くなっている。これは、よく言われるように若い世代ほど歳暮の習慣がないということを示しているが、それでも20〜30代の回答者の半数近くが「毎年贈る」と答えている点が注目に値する。出身と年収については、統計的に有意な差は確認されなかった。

次に、「毎年贈る」および「贈る年と贈らない年がある」と答えた回答者、合わせて322名を「歳暮の習慣がある回答者」として、最近の歳暮を贈った年についてみる。贈答する品としては、「青果類」（54％）が特に多くなっている（表3-3）。次いで「生鮮魚介類」（29％）や「アルコール飲料」（24％）などが挙げられる。複数回答の結果であるが、図3-1に示し

表3-2　回答者属性別歳暮期の贈答行動

（単位：人、％）

		毎年贈る		贈る年と贈らない年がある		贈答はしない		合計	
性別	男性	103	(66.0)	15	(9.6)	38	(24.4)	156	(100.0)
	女性	180	(70.6)	24	(9.4)	51	(20.0)	255	(100.0)
年齢**	20〜30代	45	(47.4)	9	(9.5)	<u>41</u>	<u>(43.2)</u>	95	(100.0)
	40〜50代	117	(67.2)	21	(12.1)	36	(20.7)	174	(100.0)
	60歳以上	<u>121</u>	<u>(85.2)</u>	9	(6.3)	12	(8.5)	142	(100.0)
出身	盛岡市内	134	(64.1)	23	(11.0)	52	(24.9)	209	(100.0)
	県内市外	95	(73.6)	9	(7.0)	25	(19.4)	129	(100.0)
	岩手県外	54	(74.0)	7	(9.6)	12	(16.4)	73	(100.0)
年収	400万未満	100	(64.9)	13	(8.4)	41	(26.6)	154	(100.0)
	400万〜800万未満	115	(68.9)	16	(9.6)	36	(21.6)	167	(100.0)
	800万以上	68	(75.6)	10	(11.1)	12	(13.3)	90	(100.0)
全体		283	(68.9)	39	(9.5)	89	(21.7)	411	(100.0)

注：1）「**」はカイ二乗検定の結果1％水準で有意であることを示す。
　　2）下線は全体と比較して割合が高いことを示す。
資料：アンケート調査より集計。

表 3-3　歳暮期に贈った品

（単位：人、％）

青果類	175	（54.3）
生鮮魚介類・水産加工品	93	（28.9）
アルコール飲料	77	（23.9）
麺類	68	（21.1）
精肉類・畜産加工品	68	（21.1）
菓子・デザート	66	（20.5）
嗜好飲料・清涼飲料	41	（12.7）
調味料・調味食品	41	（12.7）
農産加工品	28	（8.7）
乳脂製品	20	（6.2）
その他食料品	15	（4.7）
食料品以外	14	（4.3）
無回答	4	（1.2）
歳暮の習慣がある回答者	322	（100.0）

注：1）複数回答。
　　2）（　）内は全体に占める割合。
資料：アンケート調査より集計。

た家計調査の結果と比較しても大きな乖離はみられない。購入先は「百貨店・デパート」が複数回答で 51％ともっとも多く挙げられているが、4 割の回答者が「生産者から直接」と答えている（表 3-4）。

　贈答相手としては、複数回答で「親戚」（70％）がもっとも多く、「兄弟」（47％）、「両親」（27％）、「子ども」（17％）などの身近な血縁や、「友人・知人」（43％）も多くなっている（表 3-5）。このように贈答相手の多くが身近な人であるということは、1 回限り、その年限りではなく、継続的な贈答が行われている可能性が高いと考える。また、贈答相手の居住地は複数回答で盛岡市内、岩手県内の盛岡市以外、岩手県外の東北地域などをそれぞれ 4 割以上の回答者が挙げているが、東北以外の地域も 6 割以上の回答者が挙げている（表 3-6）。東北地域以外ということは、リンゴ生産地ではない可能性が高く、そうした地域に贈答相手を持つ回答者が多数存在することを示している。

表 3-4　贈答品の購入先

(単位：人、%)

百貨店・デパート	165	（51.2）
生産者から直接	129	（40.1）
スーパー	66	（20.5）
生協	40	（12.4）
メーカー直営店	20	（6.2）
インターネットやカタログなど通信販売	19	（5.9）
ギフト専門店	14	（4.3）
その他	33	（10.2）
無回答	2	（0.6）
歳暮の習慣がある回答者	322	（100.0）

注：1）複数回答。
　　2）（　）内は全体に占める割合。
資料：アンケート調査より集計。

表 3-5　贈答相手

(単位：人、%)

親戚	225	（69.9）
兄弟	152	（47.2）
友人・知人	138	（42.9）
両親	86	（26.7）
子ども	54	（16.8）
仲人	21	（6.5）
先生	19	（5.9）
上司	17	（5.3）
同僚	5	（1.6）
その他仕事関係	41	（12.7）
その他	8	（2.5）
無回答	1	（0.3）
歳暮の習慣がある回答者	322	（100.0）

注：1）複数回答。
　　2）（　）内は全体に占める割合。
資料：アンケート調査より集計。

表3-6　贈答相手の居住地

（単位：人、％）

盛岡市内	142	（44.1）
岩手県内の盛岡市以外	145	（45.0）
岩手県外の東北地域	145	（45.0）
東北以外	200	（62.1）
無回答	5	（1.6）
歳暮の習慣がある回答者	322	（100.0）

注：1）複数回答。
　　2）（　）内は全体に占める割合。
資料：アンケート調査より集計。

　表3-7は歳暮期の贈答に関する意識をたずねた結果である。得点が1点以上を示したのは「1．お歳暮は相手の好みや家族状況などを考えて選びたい」と「2．お歳暮には自分が使ってみて良いと感じたものを贈りたい」で、こうしたことは南（1998）でも重視されることが示されている[4]。また、「3．お歳暮には自分の住む地域と関わりのあるものを贈りたい」というように、地域との関わりが重視されていることがわかる。

　歳暮期の贈答の有無によるこれらの意識の違いをみると、「毎年贈る」回答者では「3．地域との関わり」のほか、「5．お歳暮で贈るものには自分なりのこだわりを示したい」や「6．お歳暮は良好な人間関係のために必要である」の得点が他の回答者より高くなっている。一方、「贈答はしない」回答者では、「8．お歳暮のような儀礼的な贈答は、できればやりたくない」が1点以上の高い得点を示しており、歳暮の儀礼的な側面が敬遠されていることがわかる。ただし、「12．お歳暮よりも相手の記念日やイベントの時に贈答をしたいと思う」の得点も1点近くを示しており、贈答行為そのものが否定されているのではなく、歳暮という形式にとらわれない贈答を望んでいる様子を読み取ることができる。

2）リンゴの贈答利用

　次に、リンゴの贈答利用についてみる。まず、リンゴを贈答として利用

表3-7　歳暮期の贈答に関する意識

歳暮意識項目	全体 (411)	毎年贈る (283)	贈る年と贈らない年がある (39)	贈答はしない (89)
1. お歳暮は相手の好みや家族状況などを考えて選びたい	1.50 ⁺	1.51	1.69	1.40
2. お歳暮には自分が使ってみて良いと感じたものを贈りたい	1.19 *	1.23	1.41	0.98
3. お歳暮には自分の住む地域と関わりのあるものを贈りたい	1.07 **	1.18	0.92	0.78
4. お歳暮に使うお金は最小限に抑えたい	0.78 ⁺	0.71	1.13	0.88
5. お歳暮で贈るものには自分なりのこだわりを示したい	0.60 *	0.68	0.62	0.35
6. お歳暮は良好な人間関係のために必要である	0.54 **	0.82	0.33	-0.25
7. お歳暮は相手との関係によって金額に差をつけるほうだ	0.41	0.40	0.46	0.40
8. お歳暮のような儀礼的な贈答は、できればやりたくない	0.38 **	0.15	0.59	1.01
9. お歳暮は何を贈るかということより贈るという行為の方が大事である	0.32 **	0.40	0.59	-0.06
10. お歳暮には無難な定番商品を選びたい	0.24	0.20	0.28	0.34
11. お歳暮を贈ることによって相手との会話が広がることを期待する	0.21	0.27	0.23	0.01
12. お歳暮よりも相手の記念日やイベントの時に贈答をしたいと思う	0.04 **	-0.25	0.05	0.98
13. お歳暮に何を贈ろうかとあれこれ考えるのは楽しいと思う	-0.09	-0.06	0.00	-0.21
14. お歳暮に贈る品は毎年変えて変化をつけたい	-0.11 **	-0.27	0.23	0.21
15. お歳暮には珍しいものや希少性のあるものを贈りたい	-0.33	-0.39	-0.05	-0.27
16. お歳暮は百貨店などの高級店で買うべきだ	-0.80	-0.85	-0.82	-0.62
17. お歳暮にはテレビなどで話題になった商品を贈りたい	-0.97 **	-1.10	-0.85	-0.60

注：1）歳暮の習慣のない回答者にも「贈答する場合」を想定して回答を求めた。
　　2）それぞれの項目について、そう思う（+2）、いくらかそう思う（+1）、どちらともいえない（0）、あまり思わない（-1）、思わない（-2）と5段階で回答で得点化している。
　　3）「**」「*」「+」はKruskal Wallis検定でそれぞれ1%、5%、10%水準で有意であることを示す。下線は全体の平均と比較して特に高い得点を示す。
　　4）表中の数値は平均得点。（　）内は人数。
資料：アンケート調査より集計。

するかどうかをたずねた結果、「よく利用する」が40％、「たまに利用する」、「利用したことがある」が合わせて29％、「利用したことがない」が30％で、「よく利用する」「たまに利用する・利用したことがある」という回答者を合わせると、7割の回答者が「リンゴの贈答利用経験がある」ということになる（表3-8）。回答者属性別にみると、歳暮期の贈答行動と同じように、性別・出身・年収による統計的に有意な差はみられず、年齢では60歳以上で「よく利用する」という回答が多く、20〜30代で「利用したことがない」という回答が多くなっている。また、リンゴの贈答利用は歳暮期の贈答の有無によって規定されると考えられるので、歳暮を毎年贈

表3-8　リンゴの贈答利用の有無

（単位：人、％）

		よく利用する		たまに利用する・利用したことがある		利用したことがない		合計	
性別	男性	64	(41.0)	39	(25.0)	53	(34.0)	156	(100.0)
	女性	102	(40.0)	81	(31.8)	72	(28.2)	255	(100.0)
年齢**	20〜30代	17	(17.9)	23	(24.2)	<u>55</u>	<u>(57.9)</u>	95	(100.0)
	40〜50代	66	(37.9)	54	(31.0)	54	(31.0)	174	(100.0)
	60歳以上	<u>83</u>	<u>(58.5)</u>	43	(30.3)	16	(11.3)	142	(100.0)
出身	盛岡市内	88	(42.1)	61	(29.2)	60	(28.7)	209	(100.0)
	県内市外	47	(36.4)	36	(27.9)	46	(35.7)	129	(100.0)
	岩手県外	31	(42.5)	23	(31.5)	19	(26.0)	73	(100.0)
年収	400万未満	70	(45.5)	39	(25.3)	45	(29.2)	154	(100.0)
	400〜800万未満	60	(35.9)	52	(31.1)	55	(32.9)	167	(100.0)
	800万以上	36	(40.0)	29	(32.2)	25	(27.8)	90	(100.0)
歳暮期の贈答**	毎年贈る	<u>161</u>	<u>(56.9)</u>	71	(25.1)	51	(18.0)	283	(100.0)
	贈る年と贈らない年がある	5	(12.8)	<u>21</u>	<u>(53.8)</u>	13	(33.3)	39	(100.0)
	贈答はしない	0	(0.0)	28	(31.5)	<u>61</u>	<u>(68.5)</u>	89	(100.0)
全体		166	(40.4)	120	(29.2)	125	(30.4)	411	(100.0)

注：1)「**」はカイ二乗検定の結果1％水準で有意であることを示す。
　　2)下線は全体と比較して割合が高いことを示す。
資料：アンケート調査より集計。

る人がどの程度リンゴを贈答利用しているかを確認した。歳暮を「毎年贈る」回答者のうち、リンゴを贈答に「よく利用する」は57％、「たまに利用する・利用したことがある」は25％となる。すなわち、毎年歳暮を贈る回答者に限定すると、リンゴの贈答利用経験者は8割以上にのぼり、リンゴが歳暮期の贈答アイテムとして非常に重要な位置を占めていることがここでも確認できる。

　リンゴの購入先を複数回答でたずねたところ、リンゴ贈答利用経験者の41％が「生産者から直接」購入していると答えている（表3-9）。続いて「農産物直売所」が27％と多くなっている。先に歳暮全般について購入先をたずねた結果では、「百貨店・デパート」の52％に次いで「生産者から直接」が40％を示していたが、このリンゴの直接購入が歳暮全般の購入先に影響しているといえよう。また、この「生産者から直接」購入している回答者の割合をリンゴ贈答の利用状況別にみると、リンゴを贈答に「よく利用する」回答者で48％、「たまに利用する・利用したことがある」回答者では32％となる。すなわち、リンゴを贈答利用する頻度の高い回答者の方が、「生産者から直接」購入する傾向にあることがわかる。

　一方、同じ贈答利用経験者の自家用リンゴ購入先としてもっとも多く挙げられたのは「農産物直売所」の52％、次いで「生産者から直接」の35％、他にスーパー等での購入も多くなっている。1人当たりが選択する購入先の数は、贈答用リンゴの1.2に対して、自家用リンゴは2.1と多い。贈答用リンゴの購入先は固定的であるが、自家用リンゴの購入先は流動的であり、農産物直売所やスーパーなど、日常的な買物を行う中で気軽に購入されている様子が読み取れる。

　また、リンゴの贈答利用をしない回答者125名について自家用リンゴの購入先をみると、「家族・親戚・自家栽培」（45％）がもっとも多く、「生産者から直接」（14％）は贈答利用経験者の自家用購入先と比べるとかなり少なくなっている。この「家族・親戚・自家栽培」が多いというのは、リンゴの贈答利用をしない人は、そもそも親戚がリンゴ農家などで、贈る

表3-9　リンゴの購入先

（単位：人、%）

| | リンゴ贈答利用経験あり | | | | 経験なし |
| | 贈答用 | | | 自家用 | 自家用 |
	全体	よく利用する	たまに利用する・利用したことがある		
生産者から直接（家族・親戚を除く）	117 (40.9)	79 (47.6)	38 (31.7)	101 (35.3)	17 (13.6)
農産物直売所	76 (26.6)	45 (27.1)	31 (25.8)	150 (52.4)	53 (42.4)
家族・親戚・自家栽培	31 (10.8)	20 (12.0)	11 (9.2)	60 (21.0)	56 (44.8)
八百屋・果物専門店	24 (8.4)	14 (8.4)	10 (8.3)	47 (16.4)	15 (12.0)
百貨店・デパート	22 (7.7)	10 (6.0)	12 (10.0)	4 (1.4)	4 (3.2)
スーパーの産直コーナー	18 (6.3)	9 (5.4)	9 (7.5)	96 (33.6)	35 (28.0)
生協（宅配・協同購入）	16 (5.6)	11 (6.6)	5 (4.2)	21 (7.3)	6 (4.8)
スーパー（産直コーナー以外）	10 (3.5)	4 (2.4)	6 (5.0)	82 (28.7)	46 (36.8)
生協店舗	9 (3.1)	7 (4.2)	2 (1.7)	31 (10.8)	14 (11.2)
インターネットやカタログなど通信販売	5 (1.7)	1 (0.6)	4 (3.3)	1 (0.3)	0 (0.0)
その他	5 (1.7)	1 (0.6)	4 (3.3)	16 (5.6)	4 (3.2)
無回答	2 (0.7)	0 (0.0)	2 (1.7)	0 (0.0)	0 (0.0)
延べ購入先数	335	201	134	609	250
1人当たり購入先数	1.17	1.21	1.12	2.13	2.00
全体	286 (100.0)	166 (100.0)	120 (100.0)	286 (100.0)	125 (100.0)

注：1) 複数回答。
　　2) 下線は25%以上の回答者が選択していることを示す。
資料：アンケート調査より集計。

よりももらう立場の人が多いと考えることができる。また、「生産者から直接」という購入先が少ないのは、贈答利用する人は生産者から贈答用を購入するときに、ついでに自家用リンゴを購入する機会があるが、贈答利用しない人はそうした機会が少ないということが理由として考えられる。しかし、反対にこうした直接購入できるような生産者を知らないということが、消費者をリンゴの贈答利用から遠ざけているという可能性も指摘できる。

　また、どこの産地のリンゴを贈答利用しているかという点について複数自由回答形式でたずねたところ、盛岡市または盛岡市内の地区名を挙げた回答者が51％と半数にのぼった（表3-10）。他に、岩手県内の盛岡市以外の市町村地区名を挙げた回答者が40％となり、岩手県と答えた回答者が11％となる。岩手県以外を挙げた回答者はわずか4％にとどまる。家計調査からは、どこの産地のリンゴを贈答利用しているかまではわからないが、この調査結果からは、ほとんど県内産のリンゴが購入されていることが明らかとなった。

　続いて贈答用リンゴに関する意識をみる（表3-11）。全体として1点を超えた項目をみると、「1．できるだけ地元で生産されたリンゴを贈りたい」「3．自分の住む地域のリンゴはおいしいと相手に思ってもらいたい」「5．地元のリンゴを贈って地域の農業に貢献したい」など、強い地元志向

表3-10　贈答用リンゴの産地

（単位：人、％）

盛岡市	145	(50.7)
県内他市町村	115	(40.2)
岩手県	31	(10.8)
岩手県以外	11	(3.8)
無回答他	12	(4.2)
贈答経験のある回答者	286	(100.0)

注：1）複数自由回答を整理した。
　　2）（　）内は全体に占める割合。
資料：アンケート調査より集計。

表3－11　贈答用リンゴに関する意識

贈答用リンゴ意識項目	全体 (411)	よく利用する (166)	たまに利用する・利用したことがある (120)	利用したことがない (125)	リンゴ贈答利用経験者 生産者から直接購入 する (117)	リンゴ贈答利用経験者 生産者から直接購入 しない (167)
1. できるだけ地元で生産されたリンゴを贈りたい	1.75 +	1.83	1.74	1.66	1.83	1.76
2. 安全性に配慮して栽培されたリンゴを贈りたい	1.67	1.66	1.66	1.70	1.60	1.69
3. 自分の住む地域のリンゴはおいしいと相手に思ってもらいたい	1.65 **	1.81	1.64	1.46	1.76	1.72
4. 自分が味を知っている産地のリンゴを贈りたい	1.58 **	1.79	1.55	1.34	1.72	1.66
5. 地元のリンゴを贈って地域の農業に貢献したい	1.39 **	1.58	1.38	1.16	1.55	1.45
6. 日持ちのいい品種のリンゴを贈りたい	1.31 **	1.43	1.37	1.09	1.40	1.41
7. 自分が味を知っている生産者のリンゴを贈りたい	1.19 **	1.40	1.36	0.74	1.56	1.26 **
8. 保存期間や品種の説明などが書いてあるものを贈りたい	1.03 **	0.83	1.02	1.32	0.83	0.95
9. 糖度保証がしてあるものを贈りたい	0.97 *	0.78	1.05	1.15	0.69	1.03 **
10. 完熟、蜜入り、葉とらずなどの表示があるものを贈りたい	0.96	0.86	0.99	1.06	0.66	1.08 **
11. 相手が持てあまさないように贈る量は少なめにしたい	0.72 **	0.30	0.91	1.10	0.44	0.62
12. 色々な品種の詰め合わせを贈りたい	0.66 +	0.45	0.85	0.75	0.61	0.60
13. 赤いリンゴと黄色いリンゴがセットになっているものを贈りたい	0.32	0.23	0.48	0.29	0.25	0.38
14. 高級感のある大玉のリンゴを贈りたい	0.30	0.28	0.26	0.38	0.09	0.41 **
15. 有名産地やブランドのものを贈りたい	0.09 *	-0.11	0.12	0.33	-0.18	0.10 +
16. 日持ちを考慮して小玉のリンゴを贈りたい	-0.10	-0.22	-0.04	0.00	-0.18	-0.14
17. ネーミングに工夫があるものを贈りたい	-0.17 *	-0.35	0.02	-0.10	-0.36	-0.10 +
18. 包装材やパッケージに工夫のあるものを贈りたい	-0.25 **	-0.57	-0.07	0.00	-0.51	-0.26
19. カタログの写真が良いものを贈りたい	-0.27 **	-0.65	-0.13	0.10	-0.58	-0.35 +
20. 既に箱詰めされたものではなく自分で詰め合わせて贈りたい	-0.46 +	-0.52	-0.26	-0.57	-0.38	-0.41
21. リンゴと他の果物などの農産物がセットになっているものを贈りたい	-0.48 **	-1.04	-0.38	0.15	-0.91	-0.66
22. リンゴとリンゴ加工品がセットになっているものを贈りたい	-0.49 **	-1.10	-0.41	0.23	-0.95	-0.71

注：1）リンゴの贈答利用経験がない回答者にも「利用する場合」を想定して回答を求めた。
　　2）得点化の方法、記号、下線、数値等は表3－7と同じ。
　　3）「リンゴ贈答利用経験者　生産者から直接購入」は、購入先無回答の2名を除く284名を対象に「生産者から直接購入」の有無によって分類した結果。

資料：アンケート調査より集計。

を示した項目が高得点を得ていることがわかる。また、「4．自分が味を知っている産地のリンゴを贈りたい」「7．自分が味を知っている生産者のリンゴを贈りたい」も高くなっているが、これも地元志向に結びつく可能性が高く、さらに歳暮意識で上位に入っていた「お歳暮には自分が使ってみて良いと感じたものを贈りたい」という意識ともつながると考える。他には、「2．安全性に配慮して栽培されたリンゴを贈りたい」「6．日持ちのいい品種のリンゴを贈りたい」「8．保存期間や品種の説明などが詳しく書いてあるものを贈りたい」という贈答相手の消費に配慮した項目も挙がっている。「9．糖度保証がしてあるものを贈りたい」「10．完熟、蜜入り、葉とらずなどの表示があるものを贈りたい」も1点近くを獲得しており、品質を示す表示が重視されていることがわかる。

　リンゴ贈答の利用状況による意識の違いをみると、「よく利用する」回答者は強い地元志向を示す「1．地元で生産されたリンゴ」「3．地域のリンゴはおいしい」「5．地域の農業に貢献」や、「自分が良いと感じたものを贈りたい」という意識を示す「4．味を知っている産地のリンゴ」「7．味を知っている生産者のリンゴ」の得点が高い。その他、「6．日持ちのいい品種」の得点も他の回答者に比較して高くなっている。一方、「利用したことがない」回答者の意識をみると、「8．説明が詳しく書いてあるもの」の得点が高く、利用経験がないからこそ、より多くの情報を欲している様子がみて取れる。また、「11．相手が持てあまさないように贈る量は少なめにしたい」という意識も、1.1点と高くなっている。さらに、全体としてはあまり得点の高くない「15．有名な産地やブランドのものを贈りたい」「18．包装材やパッケージに工夫のあるものを贈りたい」「19．カタログの写真が良いものを贈りたい」「21．リンゴと他の果物などの農産物がセットになっているものを贈りたい」「22．リンゴとリンゴ加工品がセットになっているものを贈りたい」などの項目も、比較的高い得点を示している。

　ここで、第2章の結果を受けて設定した項目について確認する。第2章

のヒアリング調査では贈答用リンゴに対するニーズとして、県内産のリンゴである他に、大玉で少なめ、他の果物とのセットやリンゴジュースとのセット、赤と黄色のセット、複数品種のセット、カタログの写真が良いもの、保存期間や品種の特徴に関して説明のあるもの、ネーミングに工夫のあるものなどを挙げている。

　先にも述べたが、「県内産」や「詳しい説明」については高い評価を得ている。また、「大玉」や「少なめ」、「複数品種のセット」や「赤と黄色のセット」についても一定の評価を得ているといえよう。一方、「ネーミング」や「カタログ」「他の果物とのセット」や「リンゴ加工品とのセット」については得点がマイナスを示しており、全体的な評価は高いとはいえない。しかし、ネーミングについては「たまに利用する・利用したことがある」回答者で、カタログや他の果物・リンゴ加工品とのセットは「利用したことがない」回答者でプラスの数値を示しており、リンゴをあまり贈答利用していない消費者からは比較的注目されているといえる。したがって、新たな顧客を獲得する戦略の1つとして、こうした項目を検討する意義はあると考える。

　また、贈答用リンゴの購入先による意識の違いについてみると、「生産者から直接」購入している回答者は「7．味を知っている生産者のリンゴ」の得点が高く、それ以外の回答者は「9．糖度保証」や「10．表示があるもの」「14．高級感のある大玉のリンゴを贈りたい」などが高くなっている。「生産者から直接」購入する消費者が自分でその味を確認できることを重視しているのに対し、生産者以外から購入している消費者は、表示や外観をもとにリンゴの品質を判断していると考えられる。

　最後に、今後の贈答用リンゴの利用意向について全回答者にたずねた結果を示す（表3-12）。「ぜひ使いたい」が45％、「たまには使いたい」が33％、あわせて78％という高い利用意向が示されている。一方、「あまり使いたくない」が9％、「使わない」が13％となっており、合わせて22％、90名が「利用意向のない回答者」となる。そこで、これら「利用

表 3-12　贈答用リンゴの利用意向

(単位：人、%)

ぜひ使いたい	184	(44.8)
たまには使いたい	137	(33.3)
あまり使いたくない	36	(8.8)
使わない	54	(13.1)
合計	411	(100.0)

資料：アンケート調査より集計。

表 3-13　リンゴを贈答利用しない理由

(単位：人、%)

人数の少ない家庭では持てあます	33	(36.7)
当たり外れがある	23	(25.6)
相手がリンゴ好きだとは限らない	22	(24.4)
そもそも贈答をしない	21	(23.3)
リンゴはどこででも売っている	15	(16.7)
他の人と重なる可能性がある	13	(14.4)
他に贈るものが決まっている	13	(14.4)
日持ちがしない	12	(13.3)
良いリンゴがどこで手にはいるかわからない	3	(3.3)
その他	14	(15.6)
リンゴ贈答利用意向のない回答者	90	(100.0)

注：1）複数回答。
　　2）贈答用リンゴを今後「あまり使いたくない」「使わない」と回答した 90 名を対象とする。
　　3）（　）内の数値は回答した 90 名に占める割合。
資料：アンケート調査より集計。

意向のない回答者」に対して、その理由を複数回答でたずねた結果をみると、一番多い理由が「人数の少ない家庭では持てあます」で、37％の回答者が選択していることがわかる（表3-13）。贈答用リンゴに関する意識でも、相手が持てあますことを心配する意識が特に贈答利用経験のない回答者で強くみられたが、少人数世帯が増加する中で、今後こうした意見がさらに強まる可能性が考えられる。対処法としては、少量パッケージを用意するという方法もあるが、保存方法と賞味期間を明記することによって、

安心して購入してもらえるよう工夫することも大事である。

　他に、「当たり外れがある」が26％、「相手がリンゴ好きだとは限らない」24％、「そもそも贈答をしない」23％となる。この「当たり外れ」については、品質のバラツキをなくす努力が重要であることはもちろんのこと、試食などで味の確認をしてもらう、ブランド力の向上に努めそれを品質の保証につなげていくなどの方策が必要であろう。

4　小括

　本章では、盛岡市における消費者調査の結果から、リンゴ生産地における消費者の贈答意識と贈答用リンゴに関する購買行動について明らかにした。歳暮という贈答行為は既に廃れつつあるということも一部では聞かれるが、調査の結果、約8割の回答者に歳暮の習慣があり、若い世代でも5割近くの回答者が歳暮期の贈答を行っていることを確認した。さらに、贈答相手に配慮し地元の良いものを贈りたいという気持ちを読み取ることができたので、こうした消費者の意識に沿った販売戦略を立てることが重要であると考える。

　また、盛岡市においてはリンゴが贈答アイテムとして非常に大きな位置を占めていることがわかった。特に生産者による直接販売の割合の高さは注目すべき点といえる。生産者から直接購入する消費者は、自分がその生産者のリンゴの味を知っていることを重視しており、それが「良い物を贈っている」という自信につながっているともいえるであろう。

　本章における調査結果から、贈答用果物は地元の消費者をターゲットに生産者が直接販売することがもっとも有効な販売戦略であると結論づける。しかし、地元消費者だけを対象としていれば良いのか、もっと広い範囲の消費者をターゲットとするにはどうしたら良いのか。この点を次章以降で検討したい。

注

1) 調査当時は岩手県が山形県を上回る3位であった。「平成18年産果樹生産出荷統計」（農林水産省）によると、リンゴの出荷量は青森県400千t、長野県155千t、岩手県49千t、山形県44千t。盛岡市の出荷量は岩手県の19％を占め、花巻市（15％）、奥州市（11％）を上回る。

2) 盛岡市が2006年に策定した「盛岡ブランド推進計画」には、「盛岡りんご」のブランド化について「江刺りんご等に比べ、全国的な知名度と価格などで劣勢であり、ブランド力の向上が課題」と記されている。

3)「家計調査結果」（総務省）による。調査当時（2006-2008年）の3カ年平均。贈答用支出は「品目分類」と「用途分類」の差から算出。詳細は第1章を参照のこと。

4) 南（1998）は消費者が歳暮製品を選ぶ基準として「実用性」「贈り先の好み」「価格」「以前に頂いて良かったもの」を挙げ、「自分が消費してみて満足のいくものが贈り先にも喜ばれるのだという、生活者としての自負」が感じられると述べる。

第4章　農家直販における顧客の意識と
　　　　顧客拡大のプロセス

1　はじめに

　前章では、贈答用果物が果物生産地の地元消費者にとって重要な贈答ア
イテムであり、贈答用果物における農家直販の重要性が明らかにされた。
第1章でも示したように、贈答用果物は地元消費者が主要な販売ターゲッ
トであり、消費者への直接販売を行う果物生産者は、まずこうした地元消
費者への売り込みを積極的に行うことが有効であるといえよう。一方、地
方都市の人口減少が指摘されるなかで、地元消費者だけを対象に販売戦略
を立てることには限界があり、より広い範囲の消費者を顧客として獲得す
る方策を考えていく必要もある[1]。

　そこで本章では、こうした農家直販における顧客を対象とした調査を実
施し、消費者による贈答用果物入手の実態を明らかにするとともに、顧客
を拡大するための方策を検討する。

2　方法
1）調査の概要

　ここでは、生産者から贈答用リンゴを直接入手した消費者を「顧客」と
している。調査は、「盛岡りんご推進協議会」の会員である13名の生産者
の協力を得て、発送するリンゴ箱に調査票を同梱する形で実施した[2]。調
査票は2009年11月下旬から12月中旬にかけて配布し、郵送にて回収を
行った。地元以外の消費者について広く情報を得るために、配布の際には
岩手県外の宛先を優先して入れるよう依頼した。用意した調査票は1,000
部、うち生産者が配りきれなかった分を除いた配布数は895部。それに対

表4-1　回答者属性

（単位：人、%）

分類		全体		自家購入		贈答入手	
性別	男性	71	(32.0)	17	(34.7)	54	(31.2)
	女性	151	(68.0)	32	(65.3)	119	(68.8)
年齢	20～30代	19	(8.6)	1	(2.0)	18	(10.4)
	40～50代	61	(27.5)	10	(20.4)	51	(29.5)
	60歳以上	139	(62.6)	37	(75.5)	102	(59.0)
	無回答	3	(1.4)	1	(2.0)	2	(1.2)
世帯員数	1～2人	99	(44.6)	27	(55.1)	72	(41.6)
	3～4人	90	(40.5)	19	(38.8)	71	(41.0)
	5人以上	31	(14.0)	3	(6.1)	28	(16.2)
	無回答	2	(0.9)	0	(0.0)	2	(1.2)
居住地	北海道・東北	36	(16.2)	5	(10.2)	31	(17.9)
	関東	106	(47.7)	31	(63.3)	75	(43.4)
	甲信越・北陸・東海	22	(9.9)	4	(8.2)	18	(10.4)
	近畿	31	(14.0)	6	(12.2)	25	(14.5)
	中国・四国	13	(5.9)	1	(2.0)	12	(6.9)
	九州・沖縄	12	(5.4)	2	(4.1)	10	(5.8)
	無回答	2	(0.9)	0	(0.0)	2	(1.2)
全体		222	(100.0)	49	(100.0)	173	(100.0)

資料：アンケート調査より集計。

して回収数が222部、回収率は25％である。

　回答者の概要は表4-1のとおりである。性別では女性が、年齢では60歳以上の高齢者が多くなっている。世帯員数は1～2人の世帯と3～4人の世帯が多い。また、岩手県外の宛先を優先して配布した結果、関東からの回答がほぼ半数を占め、他に北海道・東北や近畿地方が多くなっている[3]。

2）調査内容

　生産者による贈答用リンゴの直接販売は、概ね以下のような流れで行われる（図4-1）。まず、リンゴの代金を支払う「購買者」が生産者に対して注文をする。注文を受けた生産者はそれに応じて、「購買者」が指定した

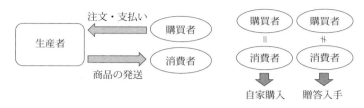

図 4-1　農家直販における贈答用リンゴ購入の流れ

　届け先にリンゴを発送する。このリンゴの受け取り手、リンゴを実際に食べる人が「消費者」となる。

　一般に消費者行動を考える場合には、この「購買者」と「消費者」は同一となることが多いが、贈答の場合には、「購買者」と「消費者」が異なるということになる[4]。一方、生産者が発送する贈答用リンゴを、自家用として購入する消費者もいる。いわゆる「お取り寄せ」ということになるが、この場合、「購買者」と「消費者」は同一になる[5]。今回の調査では、調査票発送の段階で「購買者」と「消費者」が同一か否かということは区別していないため、回答者には贈答用リンゴを「自分で購入した消費者」と「贈答によって入手した消費者」の両方がいる。そこで、本章では、「自分で購入した回答者」を「自家購入」、「贈答によって入手した回答者」を「贈答入手」と入手方法によって分類し、双方に共通する設問以外に、それぞれ個別の設問も用意した。

3　分析結果と考察
1）全回答者

　入手方法では、「自家購入」が 49 名（22％）、「贈答入手」が 173 名（78％）と、贈答による入手が 8 割近くを占めている。入手方法別の回答者属性をみると、「60 歳以上」の高齢層や世帯員数「1〜2 人」の少人数世帯で自家購入が比較的多くなっている（表 4-1 参照）。

　届いたリンゴの量は、「10 kg」が 40％ともっとも多く、次いで「5 kg」

が28％となっている（表4-2）。自家購入では「15 kg」という回答も22％みられるが、贈答入手では「5 kg」と回答する割合が高くなっている。これら届いたリンゴに対して満足しているかどうかをたずねたところ、82％の回答者が「満足」と答えている。「どちらかというと満足」という回答を合わせると、94％の回答者が満足しているという結果となり、リンゴに対する評価は概ね良好であるといえる[6]。

また、届いたリンゴを身近な人におすそわけをするほうかどうかをたずねた結果、おすそわけを「よくする」が75％、「たまにする」が20％ということで、合わせて95％もの回答者におすそわけの習慣があることがわかる。

さらに、「リンゴと一緒に届けてほしい情報」として、複数選択で挙げ

表4-2　リンゴの入手量、評価、おすそわけ行為の有無

（単位：人、％）

	分類	全体		自家購入		贈答入手	
届いたリンゴの量	3 kg	5	(2.3)	0	(0.0)	5	(2.9)
	5 kg	63	(28.4)	8	(16.3)	55	(31.8)
	10 kg	89	(40.1)	22	(44.9)	67	(38.7)
	15 kg	19	(8.6)	11	(22.4)	8	(4.6)
	20 kg	22	(9.9)	4	(8.2)	18	(10.4)
	その他	8	(3.6)	2	(4.1)	6	(3.5)
	無回答	16	(7.2)	2	(4.1)	14	(8.1)
満足・不満足	満足	182	(82.0)	42	(85.7)	140	(80.9)
	どちらかというと満足	27	(12.2)	4	(8.2)	23	(13.3)
	やや不満	5	(2.3)	1	(2.0)	4	(2.3)
	不満	1	(0.5)	0	(0.0)	1	(0.6)
	無回答	7	(3.2)	2	(4.1)	5	(2.9)
おすそわけ	よくする	167	(75.2)	38	(77.6)	129	(74.6)
	たまにする	45	(20.3)	8	(16.3)	37	(21.4)
	することはない	7	(3.2)	3	(6.1)	4	(2.3)
	無回答	3	(1.4)	0	(0.0)	3	(1.7)
	全体	222	(100.0)	49	(100.0)	173	(100.0)

資料：アンケート調査より集計。

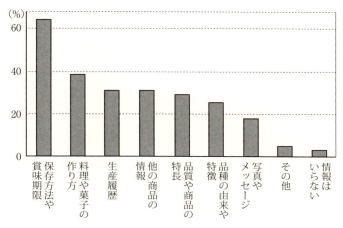

図 4-2　届けてほしい情報

注：複数回答。
資料：アンケート調査より集計。

　てもらった結果では、もっとも多く選ばれた項目が「リンゴの保存方法や賞味期限」で、全体の64％の回答者が選択している（図4-2）。他に、「リンゴを使った料理や菓子の作り方」が39％、「農薬使用回数などのリンゴの生産履歴」「生産農家が販売している他の商品の情報」「このリンゴの品質や商品としての特長」なども、それぞれ30％前後の回答者が選択している。一方で「情報は何もいらない」という回答はわずか3％にとどまり、消費者が積極的な情報提供を求めていることがわかる。

2）自家購入の回答者

　次に、自家購入した回答者についてみていく（表4-3）。まず、自分でリンゴを購入したこの回答者たちが、産地である岩手県や盛岡市と何らかの関わりがあるかをたずねたところ、76％の回答者が「関わりがある」と答えている。その関わりの中身は自由回答としたが、大きくまとめると、現在居住中の2名を含め、自分や家族に居住経験がある、または家族などの出身地であるとする回答が半数以上を占めている。これらは、かつて「地

表 4-3　自家購入の概要

	分類	人数	%
産地との関わり	ある	37	(75.5)
	特に関係なし	12	(24.5)
購入年数	はじめて	9	(18.4)
	2 年目	6	(12.2)
	3〜5 年目	13	(26.5)
	6〜10 年目	14	(28.6)
	11〜20 年目	4	(8.2)
	21 年以上	3	(6.1)
購入のきっかけ	他の人からいただいたリンゴが気に入った	20	(40.8)
	もともとこの生産者と知り合いだった	17	(34.7)
	盛岡ブランドに関する情報から知った	1	(2.0)
	その他	11	(22.4)
贈答利用の有無	贈答用を購入した	34	(69.4)
	贈答用のリンゴは購入していない	13	(26.5)
	無回答	2	(4.1)
今後の購入意向	同じ生産者から購入したい	48	(98.0)
	無回答	1	(2.0)
夏季果物購入意向	購入したい	24	(49.0)
	購入したくない	1	(2.0)
	わからない	24	(49.0)
	自家購入者全体	49	(100.0)

資料：アンケート調査より集計。

元消費者」であった回答者ということができる。また、知人が居住していたり、出身であったりという間接的な関わりを挙げる回答者も 27％おり、その他、「仕事や旅行で行ったことがある」「農村交流をしている」等が挙げられている。

　次に、同じ生産者からどのくらい継続的に購入しているかをたずねたところ、「はじめて」または「2 年目」という回答が全体の 30％を占める一方で、「3〜5 年目」や「6〜10 年目」もそれぞれ 30％近くを占め、11 年以上、21 年以上という長いつき合いをしている回答者も合わせて 14％に

上っている。

　それではどうしてこの生産者からリンゴを購入するようになったのか、そのきっかけをたずねたところ、一番多い回答が、「他の人からいただいたリンゴが気に入った」の 41％となった。次いで「もともとこの生産者と知り合いだった」の 35％が挙げられる。また、「その他」を挙げた回答者は全部で 11 人だが、「旅行時に購入」が 6 人、「知人のすすめ」が 4 人、「銀座のアンテナショップ」が 1 人となっている。

　さらに、これら自家購入の回答者は、自宅用以外に贈答用のリンゴも購入している人が 69％に上る。贈答件数は、「1〜2 件」が全体の 30％と多いが、「3〜4 件」「5〜9 件」もそれぞれ 16％、14％を占め、「10 件以上」という回答も 8％みられる。

　今後の購買意向については、無回答だった 1 名を除いて全ての回答者が「今後も同じ生産者からリンゴを購入したい」と答えている。さらに、もしこの生産者が、夏に他の果物、例えば、サクランボ、モモ、ブルーベリーなどを栽培していた場合、これも購入したいと思うかをたずねたところ、「購入したい」という回答がほぼ半数を占めた。

3）贈答入手の回答者

　次に、贈答によって入手した回答者についてみる（表 4-4）。まず、リンゴを贈ってくれた人、すなわち贈答元と回答者との関係は、「親」、「兄弟」や「親戚」などの親族が多く、合わせて 58％を占め、「友人・知人」が 32％となっている。これら贈答元の人と生産地である岩手県や盛岡市との関わりについては、「関わりがある」という回答が 80％で、「わからない」と「関わりがない」がそれぞれ 10％程度となっている。

　それでは、その同じ人からどの程度の期間リンゴの贈答を受けているかというと、この年「はじめて」という回答と「2 年目」という回答がそれぞれ 16％、「3〜5 年目」が 25％となっているが、11 年以上、21 年以上という回答もそれぞれ 15％、10％とあり、継続的にリンゴを贈られている

表 4-4　贈答入手の概要

分類		人数	%
贈答元	親から	19	(11.0)
	兄弟から	36	(20.8)
	子どもから	2	(1.2)
	親戚から	44	(25.4)
	友人・知人から	56	(32.4)
	仕事の関係者から	13	(7.5)
	その他	3	(1.7)
贈答元と産地との関わり	関わりがある	138	(79.8)
	関わりはない	16	(9.2)
	わからない	19	(11.0)
リンゴの贈答は何年目か	はじめて	27	(15.6)
	2年目	28	(16.2)
	3〜5年目	44	(25.4)
	6〜10年目	31	(17.9)
	11〜20年目	25	(14.5)
	21年以上	17	(9.8)
	無回答	1	(0.6)
届いたリンゴの量は適量か	多すぎる	2	(1.2)
	いくらか多い	35	(20.2)
	ちょうど良い	134	(77.5)
	ちょっと少ない	2	(1.2)
同じ生産者から自分で購入する意向	購入したい	95	(54.9)
	購入したくない	17	(9.8)
	わからない	56	(32.4)
	無回答	5	(2.9)
贈答利用意向	利用したい	89	(51.4)
	利用したくない	18	(10.4)
	わからない	60	(34.7)
	無回答	6	(3.5)
夏季果物購入意向	購入したい	87	(50.3)
	購入したくない	7	(4.0)
	わからない	75	(43.4)
	無回答	4	(2.3)
贈答入手者全体		173	(100.0)

資料：アンケート調査より集計。

ことがわかる。

　また、届いたリンゴの量についてどう思うかをたずねたところ、78％の回答者が「ちょうど良い」と答えている。「いくらか多い」という回答も20％みられるが、「多すぎる」という回答は1％、わずか2名にとどまり、分量的にはほぼ適量であるといえよう[7]。「いくらか多い」という回答は、贈答量が5kg以下だと12％、10kgだと24％、15kg以上だと39％と、贈られる量が多いほど、その割合は高まっている。

　また、自家購入の回答者ではほぼ全員が「今後も同じ生産者から購入したい」と答えていたが、贈答入手の回答者に対し同様の質問をしたところ、55％の回答者が「この生産者から購入したい」と回答し、その理由として「おいしいから」という答えが多く挙げられた。「購入したくない」理由としては「十分贈ってもらっている」というものが多く、「わからない」という回答の理由としては、やはり「たくさんもらっている」という答えと、「値段がわからないから」という答えが多くみられた。贈答への利用や夏季果物の購入についてもほぼ同様の傾向がみられ、半数以上の回答者が利用・購入の意向を示している。

4）考察

　以上、全回答者、自家購入の回答者、贈答入手の回答者についてそれぞれみてきたが、これらをまとめて考察する。まず、全体的にみて、届いたリンゴに対する評価は概ね良好であったが、こうした評価の高さが、今後の購買意向や贈答利用意向へとつながり、また同じ生産者が栽培する夏季果物への期待につながっていると考えられる。

　また、贈答入手の回答者は、届いたリンゴの量を適量と考えていることがわかった。一方、第3章で行った調査で、贈る側の意識としては、「相手が持てあます」ことを心配する声が特にリンゴの贈答利用に消極的な消費者から挙げられていたが、受け取る側としては「多すぎて迷惑」ということはほとんどない、ということがわかった。そこで、贈る側にこうした

情報をフィードバックすることで、安心してリンゴの贈答利用を行えるような環境を作ることが重要であると考える。なお、回答者の世帯員数をみると、2人以下の世帯が45％、3〜4人世帯で41％と、世帯員数はそれほど多いわけではないが、それでも「リンゴを持てあまして困る」ということにならないのは、回答者の多くがおすそわけをすることで、食べきれずに残してしまうという状況を回避できていることが一因ではないかと考える。

　さらに、購買者、すなわち自家購入の場合は回答者自身が、贈答入手の場合はリンゴの贈り手が、生産地である岩手県や盛岡市に居住経験があったり、親族や知人が居住していたりというように何らかの関わりを示す人が多くみられた。このことは、前章までに示したように、贈答用リンゴは地元消費者やその関係者によって購入されることが多く、地元消費者を販売ターゲットとすることが有効であることを裏付けている。

　一方で、今回の調査結果からは、地元消費者以外にも顧客を拡大するヒントを得ることができた。すなわち、自家購入の回答者からは購入のきっかけとして「他の人からいただいたリンゴが気に入った」ことが多く挙げられた。そしてこれら自家購入の回答者の69％は贈答用にもリンゴを購入している。また、今回贈答入手した回答者の半数以上が、「自分でも同じ生産者から購入したい」、「自分も贈答利用したい」と答えている。これらのことから、消費者の間でリンゴをあげたりもらったりすることが、いわば「試食つきクチコミ」の効果をもち、新たに購入しようと考える顧客が増えていく可能性が示されている。

　この顧客拡大のプロセスを図4-3に示す。生産者は、もっとも購入する可能性の高い地元消費者に対して積極的に販売促進活動を行う（a）。地元消費者は贈答用としてそれを購入し、県外に住む親族や知人に贈る（b）。リンゴを受け取った県外消費者は実際にそれを食べて、味や品質を確認し、気に入った場合には自分でも生産者に注文して自家用に購入したり（c）、他の消費者に贈答したりする（d）。また、この贈答入手した県外消

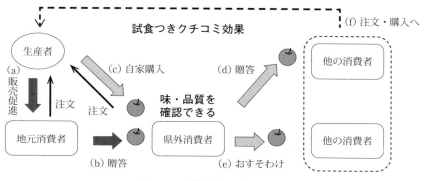

図4-3　顧客拡大のプロセス

費者は、受け取ったリンゴや自分で購入したリンゴを近所の人などにおす
そわけとして配ったりもする（e）。そうしてリンゴを手に入れた消費者
が、また新たな顧客となって各自でリンゴを購入し、また他の消費者にも
配ることにより、さらに顧客が拡大していく（f）。

　このような流れをつくるためには、リンゴを受け取った消費者に商品が
高く評価されることが何よりも重要であるが、加えて、消費者が自分でも
リンゴを購入したいと考えた時に、生産者に対し確実にアクセスできる仕
組みを確立することが必要である。消費者は生産者からの積極的な情報提
供を求めており、商品の特長や生産者の連絡先を添付することは消費者の
利益に一致する。あとは、これらの情報が、おすそわけ先である末端の消
費者にまで到達できるような仕組みをつくりあげていくことが課題といえ
よう。

4　小括

　本章では、農家直販の顧客を対象に調査を実施し、贈答用リンゴを受け
取る側の実態を明らかにした。その結果、贈答用リンゴに対する顧客の評
価の高さが、さらなる贈答利用や同じ生産者による他の果物の購買へとつ
ながる可能性が示された。

　また、消費者間で行われる商品の授受は新たな顧客を生み出す可能性があり、これをうまく活用することが重要である。特に、回答者の95％が行っているおすそわけという行為は、あくまでも消費者が自主的に行う消費行動でありながら、生産者が直接アプローチすることが難しい消費者に、いわばサンプルの配布を行ってくれるということであり、結果として販売促進につながる可能性がある。そこでこれを新規顧客獲得の方策として注目していくことが重要である。

注

1）国立社会保障・人口問題研究所（2013）は都道府県別総人口について、2010年の総人口を100とした2025年の指数を提示している。全国94.2、東京都100.1であるのに対し、東北地域では宮城県（94.1）のみ全国と同水準であるが、青森県（84.6）、岩手県（85.2）、秋田県（82.2）、山形県（86.0）、福島県（87.7）の5県は大幅に減少することが予測されている。

2）2006年に盛岡市が策定した「盛岡ブランド推進計画」に基づき、市内のリンゴ生産者等で組織された団体。「盛岡りんご」のブランド力を高め、その普及を図るために、ロゴマークの商標登録や東京のアンテナショップにおける販売会の開催などに取り組んでいる。

3）北海道・東北の36名のうち、岩手県内は14名。

4）杉本（1997）は、「購買行動と消費行動では、その主体は同一であることが多いが、両者が異なることもある」として、「子どものおもちゃ」と「ギフト」をその例として挙げている。

5）厳密にいうと、自宅消費用には等級の落ちるバラ詰めリンゴを購入する場合もあるが、本書ではこの点については特に区別をしていない。

6）なお、品種では複数回答で「ふじ」を挙げた回答者が89％に上り、他に「王林」（22％）や「金星」（14％）などが多く挙げられた。

7）「多すぎる」という回答をした2名のうちの1名は入手量が不明、もう1名は20kgであった。

第5章　リンゴ直販農家における販売管理と顧客獲得の実態

1　はじめに

　第3章では果物生産地の地元消費者にとって、生産者による直接販売が贈答用果物の購入先として重要であることを示した。また、第4章では消費者間で行われる商品の授受によって新たな顧客が生まれる可能性があり、消費者への直接販売に取り組む生産者は、これをうまく活用することが顧客拡大につながることを示した。

　国内の果樹栽培農家のうち、消費者に直接販売した農家の割合は、全国および東北地域で2000年の約10％から2010年には30％程度に上昇している（表5-1）。リンゴの主要生産地である青森県の場合は、消費市場から遠く、かつリンゴ農家が多数集積していることもあり、消費者への直接販売に取り組む農家の割合は低い。しかし、2000年の1,069戸（5％）から2010年の1,723戸（11％）と、着実にその取り組みは広がっている。

　個別農家における消費者を対象とした直接販売は、生産者の立場からみ

表5-1　消費者に直接販売した果樹栽培農家数

（単位：戸、％）

	2000年			2010年		
	全国	東北	青森	全国	東北	青森
果樹栽培農家	330,397	62,057	20,614	253,941	47,154	16,363
直接販売農家	32,257	6,051	1,069	77,834	13,323	1,723
（割合）	(9.8)	(9.8)	(5.2)	(30.7)	(28.3)	(10.5)

注：1）（　）の数値は「販売目的で栽培した果樹栽培農家数」に占める割合。
　　2）2000年は「店や消費者に直接販売」、2010年は「消費者に直接販売」した農家数を示す。
資料：農林業センサス（農林水産省）。

ても、市場出荷に比較して有利な水準で販売価格を設定可能であるといわれる。その一方で、顧客発見にかかる費用が相対的に高く、選別、箱詰、輸送、顧客管理にかかる費用等の負担も大きいとされる（松下 2003）。

　こうした状況下で、実際に直接販売に取り組む生産者が、いかにして顧客を獲得し、注文を受け、商品の発送・代金の回収を行っているのか。これら一連の流れを整理し、問題点や先進事例が工夫している点を明らかにすることは、これから直接販売への取り組みを志す生産者にとって有益な情報を提供することになるであろう。しかし、個々の経営にとって重要なこれら販売業務の効率化や顧客拡大のためのプロモーションに関する調査研究は乏しく、事例を集積していく必要がある[1]。

　そこで本章では、消費者への直接販売に先進的に取り組むリンゴ作経営を対象とした実態調査から、販売管理業務の特徴や顧客獲得の経緯を整理して、生産者が消費者への直接販売に取り組む際の課題と対応の特徴を明らかにする[2]。

2　調査対象

　本章では、青森県でリンゴ作を営む以下の 3 つの個別経営を対象とする（表5-2）。いずれも 1990 年代から 2000 年代初めに消費者への直接販売を本格的に導入しており、県内では先進的な取り組みを行う経営として位置づけられる。

1）A 経営

　弘前市に位置する経営規模 13.5ha の大規模リンゴ作経営。経営主と長男が主に生産を、妻が経理を担当し、経営主の妹が販売を担当している。また、パート雇用のうちの 1 人が経営主の次女であり、彼女も販売を担当している。つまり、A 経営の販売管理部門は経営主の妹と次女の 2 人体制となっている[3]。総生産量約 1 万 4,000 箱（1 箱 20 kg）のうちの半分以上が小売業との相対取引で販売され、規格外品を除いた残りの 5,000 箱程

表5-2　対象事例の経営概要

	A経営	B経営	C経営
経営規模	13.5ha	2.0ha	1.3ha
家族労働力	経営主（62） 妻（63） 長男（32） 経営主の妹（58）	経営主（40） 母（61） 父（65）	経営主（60） 妻（55）
雇用労働力	常雇用5人、 パート雇用5人 （次女（35）を含む）	ボラバイトを適宜募集	アルバイト6名
販売担当	経営主の妹、次女	経営主、母	妻、アルバイト3名
総生産量	約14,000箱	約2,700箱	約1,500箱
仕入れ	なし	なし	約2,100箱
他の販売先	小売との相対	農協	市場
消費者への 直接販売量	約5,000箱	約2,200箱	約3,000箱
直売所	1990年開設	なし	1991年運営開始
ホームページ	2007年開設	2004年開設	なし

注：1）（ ）の数値は調査時の年齢。
　　2）B経営の「ボラバイト」はボランティアとアルバイトの合成語。
資料：2013年聞き取り調査より作成。

度が消費者に直接販売されることになる。自営直売所は1990年の秋に、ホームページは2007年に開設している。

2）B経営

　弘前市にある2.0ha規模の家族経営。経営主は青森県内のリンゴ業界団体に勤めており、平日の出勤前・退社後と土日に農作業を行っている。他に家族労働力は母親（年間150日）と父親（同60日）である。販売担当は主に経営主と母親で、嫁いだ妹と高校生の長女が一部手伝う。総生産量は約2,700箱。このうち農協出荷が500箱程度で、残りの約2,200箱を直販とジュース用で売り切っている。自営直売所はなく、ホームページの開

設は 2004 年である。

3）C 経営

　黒石市で 1.3ha 規模の観光農園を営む。東北自動車道のインターチェンジから車で 5 分の距離にあり、大型バスが停められる駐車場と自営直売所が併設されている。9 月上旬から 11 月上旬にかけて開園しており、年間の観光客は約 5,000 人である。経営主は生産全般、およびリンゴの選果と梱包・発送、仕入れを担当している。妻は春作業を行うが、秋は販売部門に専念する。直売所の接客、注文の受付、顧客管理、アルバイトの指導などが妻の担当である。他にアルバイトの女性 3 人が販売部門を担当する。生産量は客によるもぎ取り込みで約 1,500 箱であるが、他に約 2,100 箱の仕入れを行っている。個人で運営するホームページはなく、観光協会のウェブサイトで紹介される程度である。

3　販売管理業務の流れ
　表 5-3 に、各経営の販売管理業務の概要を示す。

1）A 経営の販売管理

　A 経営では年間を通じて直売所を開設しており、2 人で接客をしながら販売業務を行う。注文の受付形態別の数量は時期によって変動がある。11 〜12 月には直売所がもっとも多く、売り上げの 6 割程度を占めるが、1 月を過ぎると電子メールと電話での注文がほとんどとなる。ただし、電話は聞き間違いなどのトラブルが多く、特に新規の客の場合、住所を繰り返し確認しなければならないため多くの時間を要する。そこで、商品の説明などを電話で伝えた後は、できるだけ手紙やメール、FAX など文字情報で送るように依頼している。

　宅配便の送り状作成は、店頭で注文された場合には購入する客自身に記入してもらう。電話や FAX、電子メールで受けた注文は、送り状発行シ

表5-3　対象事例の販売管理業務

	A 経営	B 経営	C 経営
受注	直売所、電子メール、電話、FAX	電子メール、FAX	直売所、FAX、電話、DM 返信
送り状作成	Y 社の無料システム	友人作成のソフト（Excel ベース）	Y 社の有料システム（5 年リースで約 60 万円）
請求書作成	複写式の伝票に手書き	複写式の伝票に手書き	Y 社のシステム
顧客名簿	作成せず	送り状発行ソフトから出力、Excel で管理	Y 社のシステムで管理
登録顧客数	約 1,200 人	約 550 人	約 3,800 人
宅配業者	Y 社、クレーム対応がよい、送り状発行システムがある	Y 社、顧客の信用が高い、荷扱いが丁寧	Y 社、早くて安心、親切で話もしやすい
代金決済	郵便振込、銀行、コンビニ決済、代引き、クレジットカード	郵便振込、銀行、コンビニ決済、代引き	郵便振込、銀行、希望により代引きもあり

資料：2013 年聞き取り調査より作成。

ステムに入力して印刷する。これは宅配業者 Y 社と契約すると無料で提供されるシステムで、入力したデータはパソコン内に蓄積され、送付先の名前や電話番号で住所等を検索することができる。ただし、ある顧客が「いつ、誰に、何を送付したか」を一覧で表示することはできない。そのため、電話注文で、「前回と同じ人に送りたい」と言われることがよくあるが、その場合には、送付先の名前や電話番号をたずね、パソコンで発送履歴の検索を行う。顧客ごとに送付先の情報が一覧で表示できればもっと便利になるので、別途名簿の作成を試みたこともあったが、多忙により挫折した経緯がある。このような状況なので、正確な登録顧客数は把握していないが、おおよそ 1,200 人程度であるとみている[4]。

　こうしたパソコンの操作を担当しているのは経営主の次女である。次女が販売担当に加わったのは 2007 年頃だが、その前は経営主の妹が 1 人でこれらの業務を行っていた。特に電話注文の場合、送り状は手書きで全て

記入していたため、リンゴ出荷のピークとなる11〜12月には夜中まで残業することも多々あり、また腱鞘炎になるなど、負担は非常に大きかった。次女が参画したことによってだいぶ負担が軽減されたが、それでも繁忙期には夜遅くまで残業が必要な状況となる。

　注文内容はリンゴの品種や等級、キロ数、支払い方法、請求書の要否など多岐にわたるが、次女はこれらの情報を全て送り状の備考欄に入力し、正確に情報が伝わるよう留意している。この送り状に、必要に応じて手書きで作成した請求書をクリップで添付して、当日、翌日、日にち指定と発送日ごとにファイルに分類しておく。経営主の妹は発送日にこの送り状をファイルから取り出し、備考欄の内容に沿って梱包作業を行う。宅配業者は主にY社を利用している。同社の送り状発行システムを活用していることに加え、Y社の対応の良さを高く評価していることが主な理由として挙げられる。

　代金決済は郵便振込、銀行、コンビニ決済、代引き、クレジットカード払いを利用している。カード払いとコンビニ決済はインターネット経由の顧客の要望を取り入れた。また、代引きは確実に入金される上に、請求書を書く手間も入金のチェックをする必要もないため、事務作業の軽減につながる。そこで、前年までは客が負担していた手数料（1万円未満で315円）を今期（2012年度）からA経営で負担することにしたところ、代引きを選択する顧客が増加し、業務量の削減につながっている。

　ところで、生産者が直接販売を行う際に大きな問題となるのが下級品の扱いである。A経営ではキズ、ツル割れ、小玉、変形果などの下級品は、直売所において20kg木箱入りで販売し、人気を集めている。1人で10箱購入していく客もおり、ピーク時には1人1箱限りと販売制限をするほどである。自宅用としての利用のほか、自ら良果を選別し贈答用に利用する客もいる。こうした下級品は原則として直売所のみの販売とし、電話やインターネット注文で遠方に送ることは考えていない。1つには、選果や梱包・発送の手間に見合った価格が取れないこと、また、下級品に対する

捉え方が人によって異なるため、クレームの原因となりやすいからである。直売所で直接見て確認し、納得した客にだけ販売することにしている。

2）B経営の販売管理

　B経営では注文の受付は電子メールとFAXが中心となる。メールで来た注文は経営主が返信を行ったあと、注文内容をプリントアウトしておく。プリントアウトしたメールやFAXの注文書をもとに、夜は高校生の長女が、日中は昼食を食べに来た経営主の妹が送り状を印刷する。システムは友人が作成したExcelベースのソフトウエアを用いている。顧客一覧をExcelで出力できるので、名簿の管理は経営主の妹が行っている。だいたい3年間反応のない顧客を整理して、現在の登録者数は約550名である。なお、請求書を印刷する機能はないので、母親が注文書を見ながら、手書きで請求書を作成する。

　請求書は依頼主と送付先が同じ場合は、送り状や注文書と共にクリップでとめ、梱包作業に回す。贈答などで依頼主と送付先が異なる場合には、後日郵送となる。梱包作業は父と母が行う。最初に送り状を、ふじ単品とミックス、更に家庭用と特選というように分類し、順に行うことでミスを防ぐようにしている。配送はほとんどが宅配業者Y社を利用している。客の信頼度が高いこと、リンゴの荷扱いが他の業者よりも丁寧であることが理由として挙げられる。

　代金決済は、郵便振込が6〜7割で、ほかに銀行が2〜3割、代引きとコンビニ決済が合わせて1割程度である。入金の確認は母親が行っている。効率が悪いことは承知の上で、あえて手書きのノートを作成してチェックしている。

　このように、受注後の作業を分担し、あまり効率的とはいえない方法を採用しているのは、1つには各段階でチェックしてミスを防ぐためであり、また、家族それぞれが経営感覚を身につけることを経営主が期待して

のことである。B経営では今期から、色薄、青み、キズ、サビなど家庭用より少し劣る下級品を「ジュース用生果」として販売している。これは、母親の発案を採用したものであるが、評判は良く、下級品を全て売り切ることができた。このことは、母親も経営に参画しているという1つのエピソードとして捉えることができよう。

3）C経営の販売管理

　C経営では、経営主の妻が販売管理業務の全般を取り仕切り、アルバイトの3人がそれを補佐する。注文を受けるのは、直売所の他はFAXが多く、電話がそれに次ぐ。妻は直売所で一度話をした客の名前はだいたい覚えてしまうので、そうした客に対しては電話での応対も上手にこなす。ただし、電話で初めて注文してきた客の場合は応対が難しく、可能であればFAXで送るよう依頼している。

　C経営では、宅配業者Y社が提供する有料のシステムを導入し、送り状の印刷を行っている。システムを導入したのは7年ほど前で、それまでは手書きで送り状を書いていたため、夜中の1時2時までかかっていた。今でも客が集中する時期には、梱包作業のために12時ぐらいまで仕事をしているが、送り状の発行に関しては大幅な作業軽減となった。同システムでは、請求書も作成される。また、顧客名簿も同時に管理でき、顧客の名前と住所、送付先といつ何を購入したかがわかるようになっている。3年以上注文のない顧客は削除しているので、現在は約3,800人の顧客情報が登録されている。

　宅配業者は様々な業者を比較検討した上で、早くて安心であることを評価しY社を利用している。代金の回収は郵便局か銀行振込で、妻が入金の確認をしている。観光農園で一度顔を会わせた客が相手なので安心して後払いにしており、それで回収できなかったことはない。ただし、贈答などをきっかけに新たに注文してくる客に対しては、代引きでの支払いとしてリスクを回避している。

　なお、C経営では下級品は「ジュース・サラダ用」として販売している。また、ジュースにも適さない未熟果については市場出荷している。C経営は小さな経営規模を維持することで下級品の発生を最小限に抑え、顧客の求める品質のリンゴは仕入れで対応するという戦略をとっている。

4　顧客獲得の経緯

　表5-4に、各経営の顧客獲得に関する取り組みの概要を示す。

表5-4　対象事例の顧客獲得に関わる工夫

	A経営	B経営	C経営
直売所	自然な会話を重視したコミュニケーション、リンゴやジュース、ジャムの試食を勧めて品質の良さを確認させる	－	自然な会話を心がけ、すぐに試食用リンゴを出すようにしている
ホームページ	弘前市の紹介やプライベートのことなどこまめに発信	リンゴに関する情報発信、消費者との交流、生産者からの質問にも回答	－
ダイレクトメール（DM）	－	年3回（8月末、10月20日頃、1月20日頃）、他に電子メールを4〜5回	年1回（9月下旬〜9月上旬）
ロゴマーク・デザイン等	「葉とらずりんご」や農園名を独特の字体で表す	経営主をイメージしたキャラクター、他にリンゴを模した丸い顔の絵	リンゴをかざす女性の絵（版画風）
チラシ類	リーフレットは葉とらず栽培の説明、経営のこだわり、季節毎の品種の説明など。チラシはその年のリンゴのできによってサビやススの解説を記す。写真入りのミニチラシは、葉とらずリンゴの説明やリンゴの保存方法、受賞歴などを記載。	パンフレットは1種類。贈答先の消費者が読んでも良いように値段を記載せずに商品を紹介している。	リーフレットは青森県りんご対策協議会のものを購入して名入れをする。リンゴの品種や調理の仕方を記載。チラシは印刷業者に外注。観光園の案内図のほか、リンゴの保存方法や効能を記載。

資料：2013年聞き取り調査より作成。

1）A経営の顧客獲得

　A経営の特徴は、「葉とらず栽培、除草剤を使用しない減農薬栽培」を取り入れていることである。長谷川（2013）はこれを「大規模経営に合理的な高品質、省力、低コスト技術体系」と位置づけているが、外観品質については葉かげやサビ、ススがつくなど見劣りのするものが多い。そこで、まずは「葉とらず栽培」について理解してもらうように努めてきた。

　A経営の直売所はアップルロード（両側にリンゴ畑が広がる広域農道）沿いにあり、開設当時は他に直売所があまりなかったことから、観光客や近隣の人が通りすがりにリンゴを購入していくという状況であった。そこで、とにかく自然な会話を重視したコミュニケーションをとるよう心がけ、リンゴやジュース、ジャムの試食を勧めて品質の良さを確認してもらった。こうした努力を重ねるうちに、次第にクチコミで評判が広がり、今では毎年必ず買いに来る客が多くなり、また、直売所だけでなく電話注文の客も増加していった。

　また、直売所には「葉とらずりんご」を独特の字体で表したロゴマークを飾っており、これが訪れた客の目を引くので、商品の説明を行う良いきっかけとしている。このロゴマークは商品を入れる段ボール箱や商品に同梱するリーフレット、ミニチラシにも印刷されている。リーフレットはロゴマークの他に葉とらず栽培の説明や経営のこだわり、季節毎の品種の説明などを記した自作のものである。他にも、その年のリンゴの出来によってはサビやススの解説を記したチラシを入れるなど、外観品質の低下に理解を求める努力をしている。また、印刷業者に外注している写真入りのミニチラシには、葉とらずリンゴの説明やリンゴの保存方法、A経営の受賞歴などが記されている。これらは店頭で下級品を購入する客からも、他の人にあげる時の添付用にと要望されている。

　ホームページは、次女が市の無料講座に通って自分で作成した。当初、ブログには畑やリンゴのことを中心に書いていたが、反応があまりなかったことから、最近では弘前市の紹介やプライベートのことなど色々な情報

を織り交ぜてこまめに発信するようにしている。また、他のブログにも積極的に訪問するよう心がけている。足跡を残すことでそのブログの持ち主もこちらを見に来るようになり、顧客獲得につながることもあるので、ブログの閲覧も営業の一環として位置づけている。

2）B経営の顧客獲得

　現在の経営主が経営を引き継いだ当初は、直接販売の顧客が50名程度いた。しかし、注文が来れば発送するという形で、顧客名簿の整理もしていなかった。また、ふじ・王林が中心であり、早生品種の取り扱いはほとんどなかった。

　そこで、2001年の8月に、過去の送り状の控えをもとに、これまでに注文してきた顧客あてに暑中見舞いを送り、9月から10月にとれるリンゴの品種を紹介した。するとその葉書を見た人から反応があり、早生のつがるから売ることができた。ダイレクトメール（以下、DM）の活用に手応えを感じ、その年の10月末に再びFAX用の注文書を印刷したDMを送付したところ、ほぼ100％の反応を得ることができた。2年目は発送するリンゴ箱に入れるチラシも作成した。これは、品種名や園主の紹介と、値段を記載しない申込用紙を印刷したもので、リンゴを贈られた人に向けたものである。

　現在は早生の案内をする8月下旬、晩生のふじを案内する10月下旬、年明けの小玉リンゴを案内する1月下旬と年3回DMを送付している。早生への反応は15％程度であるが、晩生になるとほぼ100％の反応がある。他にも電子メールで年に4〜5回案内を送信している。

　ホームページは顧客からの問い合わせを受けて開設し、あわせて経営主をイメージしたキャラクターとロゴマークも作成した。経営主はホームページの主な目的をリンゴの販売に置くのではなく、リンゴに関する情報発信や消費者との交流の場として位置づけている。リンゴに関する知識をたくさんの人に伝え、理解を深めてもらいたいと考えており、生産者から

の質問にも積極的に答えている。現在では、インターネットからの注文が増えている。毎年新規の客が50名程度いるが、そのうちの半分がホームページで調べて注文してきた客であり、残りの半分は、リンゴの贈答を受けた人が同梱されたチラシを見て注文してきている。

3）C経営の顧客獲得

C経営では、観光農園を顧客開拓の要としている。観光農園に客を呼ぶために、当初は旅行会社に営業に行ったり、観光協会にツアーを組んでもらったりした。また、メディア対応としてラジオに宣伝を流したこともあったが、観光農園が知れ渡るようになると、テレビやラジオ、新聞などでは季節の話題として取り上げられ、旅行雑誌にも掲載されるようになった。近年はツアーよりも個人の客が多いので、こういった情報が効果を上げるものとみている。さらに、高速道路から降りた客が迷わずたどり着けるよう、インターチェンジから誘導する形で、のぼり（1,500円×40枚、毎年更新）や看板（8万～10万円。10枚程度）等を立てている。こうした宣伝や看板などにはかなりの費用をかけているが、まずは客に来てもらうことが大事で、そこからその後のつきあいにつなげていくという戦術を取っている。そのため、直売所では挨拶から始まる自然な会話を心がけ、すぐに試食用リンゴを出すようにしている。

DMは8月下旬に出している。DMの中身は価格表と農園に関する簡単なニュースを載せたチラシ、FAX用の注文用紙と料金後納の返信用封筒である。費用は送料も含めると1通100円以上はかかっているが、必要なコストと考えている。DMを送る前は客が来るのをただ待つだけだったものが、こちらからアピールできるようになり、リピート率は7割程度と大きく向上した。

C経営のロゴマークはダンボール箱やチラシに使われているが、客からおすそわけをする際に使う小分け用の袋を要望されることが多いので、小分け用袋にも印刷している。リーフレットは青森県りんご対策協議会のも

のを購入して使用している。リンゴの品種や調理の仕方が書いてあり、評判は良好である。ほかには印刷業者に外注したチラシも入れており、観光農園の案内図や連絡先に加え、リンゴの保存方法や効能が書かれている。

5　考察

　以上、消費者への直接販売に先進的に取り組むリンゴ作経営の販売管理業務の実態と顧客獲得過程の特徴についてみてきた。以下では、そこから明らかとなった課題と対応の特徴について考察する。

1）販売管理業務における対応の特徴

　注文対応、送り状作成、梱包、代金決済という販売管理業務過程に沿って問題と対応を整理すると下記の通りとなる。

　第1に注文対応について。注文の受付は電話が出発点となることが一般的であろう。しかし、電話は手間がかかるとともに、間違いが生じやすくなることがA・C経営で指摘される。そのため、FAX、メールなど文字で残る受注方式に移行することが各経営の課題となっている。

　第2に送り状作成について。送り状は手書きから始まることが一般的であるが、荷口数が増えると大変な作業量となることが指摘される。その対応として、各経営ともパソコン利用を進めているが、近年の宅配業者の法人ソリューション事業の充実化に伴い、こうした会社と契約し、送り状発行システムを導入して省力化していることが注目される[5]。

　第3に梱包について。梱包作業では注文内容に沿って確実に荷詰めをすることが大前提であるが、荷口数が多くなればミスも発生しやすくなる。そこで、各経営とも送り状と注文内容の情報を一元的に管理し、正確な情報伝達に努めている。

　第4に代金決済について。決済方法の導入過程をみると、法人契約や受注方法が導入に影響を与えている。つまり、代引きやコンビニ決済は宅配業者との法人契約により利用が可能になる。また、クレジット決済はイン

ターネット上で行われるため、商取引におけるインターネットの利用が前提となる。こうした決済方法は手数料が発生するが、入金確認などの作業の効率化を重視して販売者負担とした A 経営の判断は注目される。

　以上、各経営では販売管理業務の効率化と作業ミスの減少を目的に対応がとられていた。背景には取り扱い荷口数の増大による省力化の必要性の高まりがある。その有効な手段として宅配業者との法人契約など外部サービスが活用されていることが特徴として指摘できる。

2）顧客拡大過程の特徴

　各経営の顧客拡大過程をみていくと、大きく分けて3つの段階がある。第1に、これまで全く接点のなかった消費者にアクセスし、顧客を拡大する新規顧客開拓の段階である。第2に、新規に開拓した顧客をリピーターとして定着させる段階である。第3に、既存の顧客の社会関係に基づいて新たな顧客を獲得していく段階である（図5-1）。

　第1段階で各経営がとっている方法は独自性が強い。A 経営は当初直売所が新規顧客開拓の場であったが、近年、ホームページを開設するとともに、リンゴ販売と関わりの薄い領域に交流を広げ、新規顧客開拓を図っている。B 経営はリンゴに関する知識を活かした詳細なホームページを作成しており、そこが新規顧客開拓の場となっている。C 経営は観光農園を

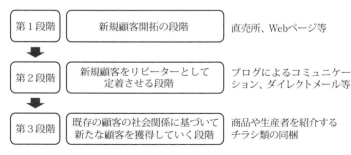

図5-1　先進経営による顧客拡大過程

運営しながら、観光客を個別販売に誘導している。経営独自のセンスが問われる段階である。

　第2段階では顧客をリピーターとしていくために、各経営とも顧客とのコミュニケーションを重視している。直売所を新規顧客開拓の場としているA・C経営では、顧客とのコミュニケーションをとることを接客の基本としている。インターネットを新規顧客開拓の場としているA・B経営においては、リンゴの販売とともに顧客とのコミュニケーションをとることが重視されている。また、プロモーションの手法としては、既存客へのダイレクトメールが有効な手段となっている。これを実施しているのはB・C経営であるが、経営主は顧客の定着化に有効であると評価している。

　第3段階では、既存の顧客との関係性を深化させながら、クチコミや贈答など消費者間の社会関係の中で顧客を広げていくことが重要となっている。それゆえ、顧客の関係者へ価値伝達しうる方法が極めて重要となり、各経営ではいずれも一定のコストをかけてリンゴ箱に同梱するチラシ類を作成している。

　以上、各経営の顧客拡大には3段階あり、それぞれの段階に応じた方策をとっていた。一方、各経営ともこの3つの段階を貫通して、顧客とのコミュニケーションを深めることにより関係性を深化させるという考え方をとり、顧客同士の社会的関係を活用しながら顧客拡大を図っていることが特徴として明らかになった。

3）贈答用リンゴの直接販売における特徴

　なお、贈答への対応はリンゴ直接販売の大きな柱となっているが、特徴的な課題がいくつか明らかになったので付記する。1つは、作業時期の集中である。リンゴは歳暮期の11月下旬～12月の約1カ月間に注文・出荷のピークを迎える。送り状発行システムを導入して作業を効率化しても、この時期は梱包作業などで深夜まで残業を余儀なくされることが多い。何らかの対策が求められる。

　また、贈答は依頼主と送付先が異なるため、請求書の扱いも煩雑になる。依頼主と送付先が同じ場合には発送するリンゴ箱に請求書を同梱するが、贈答の場合は依頼主と送付先が異なるため、請求書は別途郵送する必要がある。C経営では誤って贈答先に請求書を入れるミスを防ぐために、請求書の封筒の色を使い分けるという工夫をして対処している。

　さらに、顧客管理も複雑となる。贈答の場合、1人の依頼主が複数の送付先を指定することがよくある。また、毎年同じ相手に贈答する顧客が多いため、顧客名簿を管理するときは、依頼主の情報だけでなく、依頼主と送付先を結びつけて記録し、必要に応じてすぐにそれを参照できるシステムを構築しておく必要がある。

　また、顧客獲得に関しても、贈答ならではの特徴がある。それは、発送するリンゴ箱に入れられたチラシの効果である。各経営とも、リンゴ箱にはリンゴの解説や経営の紹介をするチラシ類を入れており、それをきっかけに新たに注文を受ける形で顧客の拡大を行っている。前章で指摘した贈答による顧客拡大効果がここで確認できるわけであるが、チラシには1枚につき5〜30円の費用がかかっている。したがって、コストに見合った効果をあげるために、いかに新規の顧客を取り込み易くするか、情報提供のあり方が問われる。

6　小括

　本章では、消費者への直接販売に先進的に取り組むリンゴ作経営を対象に聞き取り調査を行い、販売管理業務の実態と顧客拡大過程の特徴を整理した。その結果、顧客の拡大過程は大きく3段階に分かれ、各段階において顧客とのコミュニケーションが重視されていることが明らかになった。さらに、第3段階である「既存の顧客の社会関係に基づいて新たな顧客を獲得していく段階」では、贈答用リンゴの箱にチラシ類を同梱することで贈答先の消費者を新たな顧客として獲得する工夫がなされており、前章で提示した顧客拡大プロセスの一部が先進事例において実践されていること

が確認できた。

　一方、「おすそわけ先の消費者」については、聞き取りの中で一部、「おすそわけ先の消費者が注文してくることがある」という話が出たものの、特別な対策はなされていなかった[6]。そこで、次章以降では、この「おすそわけ先の消費者」に焦点を絞った顧客拡大方策について検討を行う。

注
1) 関連する成果としては、米生産者による販売促進戦略を整理した齋藤（2008）や、山梨県の果樹経営における顧客管理、販売管理方法を整理した大久保ら（2001）など限られている。
2) 販売管理という言葉には、あるマーケティング戦略に従って実施される販売予算ならびに販売計画の策定、販売組織の編成、日常的な管理、販売割当の決定、販売実績の統制が含まれる（日本農業経営学会農業経営学術用語辞典編纂委員会 2007）。しかし本章では、消費者への直接販売を行うリンゴ作経営の実態に鑑み、注文を受けてから発送、代金回収までの一連の流れに限定している。
3) A 経営は長谷川（2013）の S 経営と同一であり、経営概況等一部参考にしている。
4) ここで示した顧客とは依頼主のことであり、贈答先の人数は含まれない。また、送り状発行システムに登録された人数であり、直売所で直接注文して送り状に記入した顧客は含まれない。
5) A・C 経営が導入する送り状発行システムの無料・有料による大きな違いは顧客情報の管理の効率化にある。A 経営では DM の発送を行っていないため、必ずしも顧客名簿そのものを必要としておらず、また、繁忙期は 1 カ月程度であり、多少無理をすれば乗り越えられるという思いが担当者にあることから、有料システムの導入には至っていない。一方のC 経営は DM の発送のために顧客名簿の管理が不可欠であること、さらに、経営者の妻以外の販売担当は全てアルバイトであり、労働時間が伸びればコスト増につながることなどから、効率化を重視した選択がなされたものと考える。
6) C 経営では、ロゴマークを印刷した小分け用の袋を作製しているが、あくまでも客の要望に応えるためのものであり、販売促進を意図した情報の記載などは行っていない。

第6章 「おすそわけ袋」に対する消費者評価と活用可能性

1 はじめに

　第5章では、消費者への直接販売に先進的に取り組む経営は、消費者とのコミュニケーションを重視した販売対応をしていることを示した。また、発送するリンゴ箱にチラシ類を同梱することで商品や経営に関する情報を伝達し、贈答先の消費者を新たな顧客として取り込むことに成功している。

　また、第4章で示したように、農家直販における贈答用リンゴにおいて、自分でリンゴを購入した消費者の多くは、「他の人からもらったリンゴが気に入った」ことを購入のきっかけとして挙げており、他の人からの贈答によって入手した消費者の半数は、「同じ生産者からリンゴを購入したい」「自分でも贈答にリンゴを利用したい」と回答している。このように、消費者間の商品の授受が、新たな顧客の獲得へとつながる可能性が示唆されている。また、同じ調査の中で、95％の回答者におすそわけの習慣があることが明らかとなり、消費者間の商品の授受が日常的に行われていることを示している。

　実際、農家直販を行うリンゴ生産者によると、おすそわけをきっかけとした新規の注文を受けることがあるという。おすそわけの顧客拡大効果は、生産者の実感としても確かに存在するといえよう。しかし、それは必ずしも顧客拡大方策としては位置づけられていない。

　そこで本章では、贈答用リンゴにおける消費者のおすそわけ行為に着目し、その実態を明らかにする。さらに、おすそわけの顧客拡大効果を促すためのツールとして、「おすそわけ袋」を提案し、消費者の評価を確認す

るとともにその活用可能性について検証する。

2　「おすそわけ袋」とは

　おすそわけ行為は、ベフ（1984）によると、物質的資源の贈与のうち、「贈答」のように「かた苦し」くない、また「形式張ら」ない「（狭義の）もののやりとり」として位置づけられる。こうした「（狭義の）もののやりとり」には非市場価値があり、「潤滑油」とも言われる社会的機能を果たしているとされる。

　また、こうしたおすそわけ行為は、消費者間の相互作用であるクチコミになぞらえて捉えることができる。クチコミは、①話し手と受け手の間のコミュニケーションであること、②ブランド、製品、サービス、店に関する話題であること、③受け手が非商業的な目的であると知覚していること、の3条件を満たすコミュニケーションであると定義される（濱岡・里村2009）。

　おすそわけの場合、実際にやりとりされるのは贈答によって入手した商品そのものであるが、非商業的な目的で消費者から消費者に伝えられるという点がクチコミと酷似している。しかも、商品そのものが伝達されるので、受け手の消費者自身が商品の評価（いわゆる試食）をすることが可能となる。一方、情報の伝達を本来の目的とはしていないため、産地や生産者の連絡先など、商品に属する情報については、正確に伝達されるとは限らない。

　こうした通常のおすそわけの構図を図6-1に示す。まず、生産者は消費者Aから受けた注文に従って商品（贈答用果物）を発送し、消費者Bに商品が届けられる。商品にパンフレットなどの商品情報が添えられていれば、この消費者Bに関しては、自分で商品を購入したいと考えた場合に、生産者に直接連絡を取ることが可能となる。しかし、そこからおすそわけをされた場合、おすそわけ先の消費者Cには、通常、商品しか届かない。おすそわけをするときに、多少の情報が消費者Bによってもたらされる

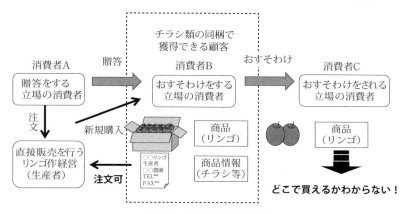

図 6-1　通常のおすそわけ

可能性もあるが、具体的な生産者情報が伝えられることはほとんどないと考えてよいであろう。そのため、もし、消費者 C がその商品を気に入り、自身で購入したいと考えた場合には、あらためて消費者 B に確認するなどの情報収集が不可欠となる。

　そこで、「おすそわけ袋」を導入した場合を考える（図 6-2）。「おすそわけ袋」というのは、筆者が考案した小分け用の袋である。商品の産地や特徴、生産者の連絡先など商品情報を掲載した袋を商品に同梱する。商品が届いた消費者 B の元には、商品情報のパンフレットの他にこの「おすそわけ袋」が届く。消費者 B が商品のおすそわけをするときに、この「おすそわけ袋」を利用すれば、おすそわけ先の消費者 C に商品情報が届く。そのため、消費者 C が自分でこの商品を購入したいと考えたときには、「おすそわけ袋」にある情報を元に生産者に直接アクセスすることが可能となるのである。

3　調査の概要

　先の図で示したように、贈答用果物のおすそわけ行為においては、生産者の他に関係する 3 つの主体を想定することができる。第 1 に、贈答用果

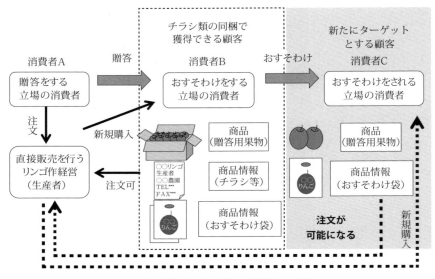

図6-2 「おすそわけ袋」を導入した場合

物を生産者に注文し代金を支払う消費者Aである。次に、贈答用果物を受け取り、他者におすそわけを行う消費者Bである。さらに、消費者Bからおすそわけによって贈答用果物を受け取る消費者Cである。

　本章では、消費者のおすそわけ行為の実態を明らかにするとともに、「おすそわけ袋」の活用可能性を検証するために、おすそわけを実際に行う主体である消費者Bを対象とした調査を中心に分析を行う。加えて、おすそわけを受け取る消費者Cと、贈答用果物の購入者である消費者Aに関しても、補足的な調査・分析を行う[1]。

1）調査 1：おすそわけをする立場の消費者

　「おすそわけ袋」を導入しても、実際にそれが利用されなければ意味が無い。そこで、贈答用果物を入手し、他の消費者におすそわけを行う消費者Bを対象に調査を行い、「おすそわけ袋」の活用可能性について明らか

にする。

　調査は「盛岡りんご推進協議会」会員の生産者15名の協力を得て、同生産者が発送するリンゴ箱に「おすそわけ袋」2枚と調査票を同梱し、郵送による回収を行った。調査期間は2010年11～12月である。調査では、おすそわけ行為の実態や「おすそわけ袋」に対する評価をたずねた。調査票は計1,420部を配布し、302部を回収した（回収率21.3％）。岩手県外の宛先に優先的に配布するよう依頼した結果、回答者の居住地は関東が49％とほぼ半数を占め、近畿の13％がそれに続く。回答者の性別は女性が72％と多く、年齢は30代までが6％、40～50代が28％、60歳以上が66％と比較的高齢の回答者が多い。また、世帯員数は2人が44％と多くなっている（表6-1）。

2）調査2：おすそわけをされる立場の消費者

　消費者Bからおすそわけをされた消費者Cを対象に調査を行う。調査1において配布した「おすそわけ袋」の中に、アンケート項目を記載した返信用の葉書を入れたところ、90枚が返送された[2]。簡易なアンケート項目であること、回収数が少ないことから、あくまでも参考値として結果を提示する。なお、回答者の性別は女性が82％と多く、年齢は30代までが18％、40～50代が24％、60歳以上が57％である。

3）調査3：贈答をする立場の消費者

　贈答用果物の場合、商品を注文し代金を支払う消費者Aの考えも重要になる。消費者Aは、自分が購入して贈ったリンゴが、他の人におすそわけをされることについてどう思うのか、「おすそわけ袋」が贈答品に添付されることを容認するのか。この点を明らかにするために、盛岡市内で実施された「盛岡りんごフェア」の来場者を対象に、実際に「おすそわけ袋」を提示して、店頭聞き取り調査を行った。

　調査は2010年12月18～19日の2日間。回答者数は106名である。調

表 6-1　おすそわけをする立場の回答者属性

分類		人	％
性別	男性	86	28.5
	女性	216	71.5
年齢	20代まで	6	2.0
	30代	13	4.3
	40代	33	10.9
	50代	52	17.2
	60代	110	36.4
	70歳以上	88	29.1
世帯員数	1人	18	6.0
	2人	132	43.7
	3人	64	21.2
	4人	54	17.9
	5人	21	7.0
	6人以上	12	4.0
	無回答	1	0.3
居住地域	北海道	18	6.0
	東北	28	9.3
	関東	148	49.0
	中部	25	8.3
	近畿	38	12.6
	中国・四国	18	6.0
	九州・沖縄	27	8.9
全体		302	100.0

資料：アンケート調査より集計。

査2と同様、簡易なアンケート項目であり、回答者数も少ないことから、参考値として提示する。回答者の性別は女性が75％、年齢は30代までが6％、40〜50代が37％、60歳以上が58％である。

4）「おすそわけ袋」の概要

　今回調査に使用した「おすそわけ袋」は写真6-1のようになる。厚手の白いポリ袋に、表面は赤で商品のロゴマークを入れている。裏面は、赤と

写真6-1　調査に用いた「おすそわけ袋」

緑の2色刷で商品の解説を印刷している[3]。また、今回は複数の生産者に調査の協力を依頼したため、生産者の連絡先についてはシールを貼った。袋は縦33 cm、横21 cmとおおよそA4サイズで、側面に10 cmのマチがついている。ただし、底にはマチがついていないので、広げると実際の高さは28 cm程度になる。袋の上部に持ち手用の穴がある[4]。

4　結果と考察
1）おすそわけ行為の実態

　調査1は、「おすそわけ袋」が入ったリンゴ箱を入手した消費者が調査対象である。彼らの中には自分でリンゴを注文して購入した「自家購入」の消費者と、他人から贈答によってリンゴを入手した「贈答入手」の消費者がいる。まず、この入手方法について確認したところ、「自家購入」が21％、「贈答入手」が79％となった。

　入手したリンゴの量は、「10 kg」が59％と多く、「5 kg」の26％がそれ

表6-2　入手したリンゴの量とおすそわけの有無

（単位：人、％）

		全体		自家購入		贈答入手	
入手量	3 kg（10個未満）	12	(4.0)	0	(0.0)	12	(5.0)
	5 kg（12〜20個）	78	(25.8)	9	(14.3)	69	(29.0)
	10 kg（21〜40個）	177	(58.6)	36	(57.1)	140	(58.8)
	15 kg（45〜52個）	18	(6.0)	8	(12.7)	10	(4.2)
	20 kg（60個）以上	12	(4.0)	10	(15.9)	2	(0.8)
	無回答	5	(1.7)	0	(0.0)	5	(2.1)
おすそわけ の有無	した（する予定である）	284	(94.0)	62	(98.4)	221	(92.9)
	しなかった（する予定はない）	18	(6.0)	1	(1.6)	17	(7.1)
	全体	302	(100.0)	63	(100.0)	238	(100.0)

注：入手方法による分類は無回答（1名）を除く。
資料：アンケート調査より集計。

に続く（表6-2）[5]。これを入手方法との関係でみると、「10 kg」は「自家購入」「贈答入手」ともに58％前後で大差ないが、「自家購入」は「15 kg」以上の割合が、「贈答入手」は「5 kg」以下の割合が比較的高い。

　次に、届いたリンゴのおすそわけ行為の有無をたずねたところ、「おすそわけをした（する予定である）」という回答が94％にのぼった。入手方法との関係では、「自家購入」の方がおすそわけをしている割合が高いが、あまり大きな差はない。むしろ入手量との関係でみると、5 kg以下で88％、10 kgで96％、15 kg以上で100％と、入手量の多い回答者ほどおすそわけをする傾向が強いことがわかる（図6-3）[6]。

　続いて、今回おすそわけをした284名についてみる（表6-3）。まず、おすそわけをした相手の人数は「2人」が28％、「3人」が26％と多いが、「6人以上」という回答も10％程度みられる。おすそわけの相手は、複数回答で「近所の人」が51％ともっとも多く、「親」47％、「親戚」35％、「兄弟」16％、「仕事関係」15％と続く（図6-4）。

　また、おすそわけに使ったリンゴの合計個数は、「6〜10個」が33％ともっとも多く、「11〜15個」（24％）、「5個以下」（16％）と続く。さらに、

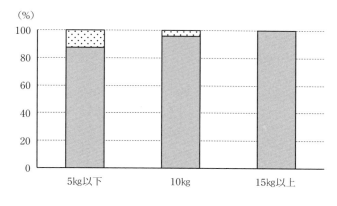

図6-3 入手量とおすそわけ行為の有無の関係

注：1）無回答を除く297名について集計。
　　2）Fisher の正確検定の結果、1％水準で有意差があった。
資料：アンケート調査より集計。

これをおすそわけをした人数で割った「1人当たりに渡した個数」でみる
と、だいたい3〜5個程度という回答が多くなっている。

　なお、おすそわけをする人数や個数は、入手したリンゴの量によって異
なることが考えられる。そこで、入手量について比較してみたところ、
5kg以下では1〜2人が多く、1人当たり個数も1〜3個が多いが、15kg
以上では5人以上、1人当たり個数6個以上が多いという結果となった
（図6-5、図6-6）。

　次に、おすそわけをするときに、どこの産地のものか、どういう特徴が
あるかといった商品の説明をしたかどうかについては、「詳しく説明し
た」という回答はわずか14％であった。「簡単に説明した」が69％と多
く、「特に説明はしなかった」という回答も17％あった。

　今回、「おすそわけ袋」を利用した人は、おすそわけをした人のうちの

表 6-3　おすそわけ行為の実態

（単位：人、％）

おすそわけをした人数	1 人	33	(11.6)
	2 人	80	(28.2)
	3 人	73	(25.7)
	4 人	42	(14.8)
	5 人	24	(8.5)
	6 人以上	28	(9.9)
	無回答	4	(1.4)
おすそわけをした個数	5 個以下	44	(15.5)
	6〜10 個	94	(33.1)
	11〜15 個	69	(24.3)
	16〜20 個	41	(14.4)
	21〜30 個	24	(8.5)
	31 個以上	9	(3.2)
	無回答	3	(1.1)
1 人当たりに渡した個数	1 個（1.5 未満）	4	(1.4)
	2 個（1.5〜2.5 未満）	32	(11.3)
	3 個（2.5〜3.5 未満）	94	(33.1)
	4 個（3.5〜4.5 未満）	35	(12.3)
	5 個（4.5〜5.5 未満）	62	(21.8)
	6 個（5.5〜6.5 未満）	19	(6.7)
	7 個（6.5〜7.5 未満）	10	(3.5)
	8 個（7.5〜8.5 未満）	14	(4.9)
	9 個以上（8.5 以上）	7	(2.5)
	無回答	7	(2.5)
リンゴの産地や特徴についての説明	詳しく説明した	41	(14.4)
	簡単に説明した	195	(68.7)
	特に説明はしなかった	48	(16.9)
「おすそわけ袋」の利用	利用した	245	(86.3)
	利用していない	39	(13.7)
全体		284	(100.0)

資料：アンケート調査より集計。

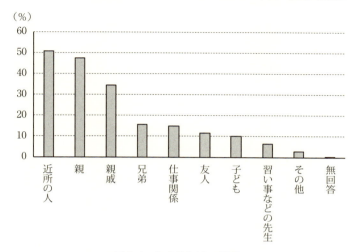

図6-4　おすそわけの相手

注：複数回答。
資料：アンケート調査より集計。

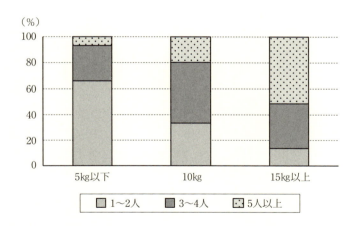

図6-5　入手量とおすそわけをする人数の関係

注：1）無回答を除く 275 名について集計。
　　2）カイ二乗検定の結果、1％水準で有意差があった。
資料：アンケート調査より集計。

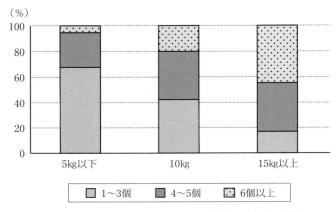

図6-6　入手量とおすそわけをする1人当たり個数の関係
注：1) 無回答を除く272名について集計。
　　2) カイ二乗検定の結果、1%水準で有意差があった。
資料：アンケート調査より集計

86％にのぼる。ここで、「利用していない」人にその理由を自由回答でたずねたところ、「小さかった」という回答がもっとも多く、あとは「気づかなかった」「使うのを忘れた」という回答があった。

　「おすそわけ袋」に対する評価は、デザイン、材質、解説については、ほとんどが「良い」と「普通」であり、良好であったといえる（図6-7）。ただし、形状については5％ほど「悪い」という回答がみられた。これは、自由記述欄に「底の部分にマチがないので安定が悪い」という意見が多く挙がっていたので、それが影響していると考える。また、大きさや枚数については、「小さすぎる」（19％）、「少なすぎる」（32％）という意見が比較的多くみられ、検討の余地が残る。

　また、「おすそわけ袋」の利用に関する意識として、「専用の袋があるとおすそわけをする時に便利である」「生産者の情報があると注文・問い合わせができて便利である」「ブランドのマークがあると特別なリンゴという感じがして良い」「おすそわけの相手にもリンゴの特徴を伝えやすくて良い」「次回も『おすそわけ袋』がついている方が良い」などの項目につ

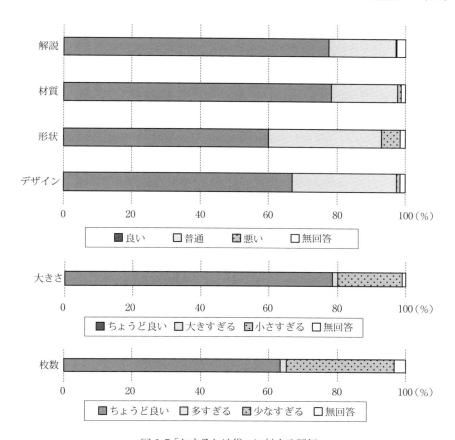

図6-7「おすそわけ袋」に対する評価

資料：アンケート調査より集計。

いてたずねたところ、すべての項目で90％以上の回答者が「そう思うと」
答えた（図6-8）[7]。

2）おすそわけをされる立場の消費者

　調査2では、調査1の対象となった消費者Bから、実際に「おすそわ

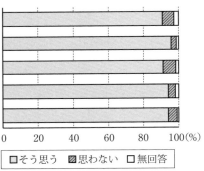

次回も「おすそわけ袋」がついている方が良い。

「おすそわけ」の相手にもリンゴの特徴を伝えやすくて良い。

ブランドのマークがあると特別なリンゴという感じがして良い。

生産者の情報があると注文・問い合わせができて便利である。

専用の袋があると「おすそわけ」をする時に便利である。

□そう思う　▨思わない　□無回答

図6-8　「おすそわけ袋」に対する感想

資料：アンケート調査より集計。

表6-4　おすそわけをされる立場の消費者による「おすそわけ袋」の評価

(単位：人、%)

これまで「盛岡りんご」をご存じでしたか？	知っていた	47	(52.2)
	知らなかった	42	(46.7)
	無回答	1	(1.1)
「盛岡りんご」の解説をご覧になりましたか？	読んだ	69	(76.7)
	読んでいない	18	(20.0)
	無回答	3	(3.3)
「盛岡りんご」はいかがでしたか？	良い	82	(91.1)
	普通	5	(5.6)
	悪い	1	(1.1)
	無回答	2	(2.2)
「おすそわけ袋」はいかがでしたか？	良い	77	(85.6)
	普通	9	(10.0)
	悪い	1	(1.1)
	無回答	3	(3.3)
ご自分でも「盛岡りんご」を買いたいと思いますか？	買いたい	69	(76.7)
	買いたくない	3	(3.3)
	わからない	17	(18.9)
	無回答	1	(1.1)
全体		90	(100.0)

資料：アンケート調査より集計。

け袋」に入れられたリンゴを受け取った消費者 C が対象となる。

　まず、これまで「盛岡りんご」を知っていたかとたずねたところ、52％が「知っていた」、47％が「知らなかった」と答えている（表6-4）。一方、「おすそわけ袋」にある「盛岡りんご」の解説については、77％が「読んだ」と答えている。また、「盛岡りんご」については91％が、「おすそわけ袋」については86％が「良い」と答えている。さらに、自分でも「盛岡りんご」を買いたいと思うかをたずねたところ、「買いたい」が77％、「わからない」が19％となり、「買いたくない」はわずか3％にすぎなかった。

3）贈答をする立場の消費者

　調査3では、リンゴを購入して贈る立場の消費者 A を対象に店頭での聞き取り調査を行っている。

　まず、自分が贈ったリンゴがおすそわけされることについてどう思うかをたずねたところ、95％の回答者が「良いと思う」と答えた（表6-5）。

表6-5　贈答する立場の消費者による「おすそわけ袋」の評価

（単位：人、％）

贈った相手がリンゴを他の人におすそわけしたらどう思いますか	良いと思う	101	(95.3)
	良くないと思う	1	(0.9)
	どちらともいえない	4	(3.8)
「おすそわけ袋」についてどう思いますか。	良いと思う	93	(87.7)
	良くないと思う	7	(6.6)
	どちらともいえない	6	(5.7)
あなたがリンゴを贈るときには、「おすそわけ袋」が入っていた方がよいと思いますか。（価格は変わらない）	あった方がよい	82	(77.4)
	ない方がよい	10	(9.4)
	どちらともいえない	14	(13.2)
追加料金が必要な場合でも、「おすそわけ袋」が入っていた方がよいと思いますか。	あった方がよい	23	(21.7)
	ない方がよい	73	(68.9)
	どちらともいえない	10	(9.4)
	合計	106	(100.0)

資料：アンケート調査より集計。

「おすそわけ袋」というものに対しても 88％が「良いと思う」と答えている。また、「価格が通常と変わらない」と仮定した場合には、自分が贈る箱に「おすそわけ袋」が「入っていた方がよい」とする回答は 77％であった。さらに、「追加料金が必要な場合」であっても、22％の回答者は「入っていた方が良い」と答えている。

4）考察

　以上、贈答用リンゴのおすそわけ行為の実態と「おすそわけ袋」に対する消費者の評価について調べた。その結果、おすそわけ行為は回答者の 9割以上にみられ、入手したリンゴの量が多いほどその割合が高まるとともに、おすそわけをする人数や 1 人当たりに配るリンゴの個数も多くなる傾向にあることがわかった。

　「おすそわけ袋」は、おすそわけをした回答者の 8 割以上が利用しており、その評価も概ね良好であった。従って、「おすそわけ袋」が実用化されれば、有効に活用されることが期待できる。ただし、大きさや枚数については、若干の不満が生じていた。今回は、A4 サイズ 2 枚の「おすそわけ袋」を入れていたが、調査の結果、届いたリンゴの量によって異なるものの、だいたい 2〜3 人に 3〜5 個程度のリンゴがおすそわけされていることがわかり、こうした実態に合わせた対応が必要である。

　また、おすそわけの際に、商品の特徴や産地の情報を詳しく説明する消費者は少ないことから、「おすそわけ袋」はそれらを補完する役割を果たすことが期待される。事実、おすそわけをされた消費者の調査では、約半数が「盛岡りんご」を知らないと答えたが、8 割近くが「おすそわけ袋」に記述された解説に目を通したとしている。

　一方、「自分でも買いたい」という回答も 8 割近くいたが、これに関しては、回収数が少ないこと、購買意向が即、実際の購買に結びつくわけではないことから、正確な顧客拡大効果を示しているとは言い切れない。生産者が自己の経営において「おすそわけ袋」を導入するに際しては、コス

トに見合った効果が求められるため、さらなる検証が必要である。

　ただし、すぐに新規顧客の獲得に結びつかないとしても、贈答用リンゴの実物と「おすそわけ袋」に掲載された商品情報が、生産者自身には直接アプローチすることのできない消費者に到達するということは、これまでにない宣伝効果をもたらすものと考える。例えば、近年はインターネットを活用してリンゴの個別販売を試みる生産者がみられる。おすそわけをされた消費者が、いつか自分でも贈答用リンゴを購入したいと考えたとき、数あるウェブサイトの中から、かつて自身が実際に手にし、品質を確認した生産者のサイトを選択する確率は格段に高くなるであろう[8]。

　本書ではこれまで、家計調査の分析結果から贈答用果物の販売ターゲットとして地元消費者が重要であると述べた。第4章で取り上げた顧客拡大プロセスにおいても、まずは地元の消費者を対象に贈答用リンゴを販売することがもっとも効果的であると考える。しかし、贈答用リンゴの顧客は地元消費者に限定されるものではない。彼らによって購入されたリンゴは県外の消費者に贈られ、そこから新たな広がりをみせることになる。今回提示した「おすそわけ袋」は、顧客拡大を促すツールとして有効であるといえよう。

　なお、地元消費者を対象とした調査においても「おすそわけ袋」は好評であった。地元消費者の多くは、「地域の良いものを知ってもらいたい」と考えており、自分の贈ったリンゴがおすそわけされることでより多くの人に喜ばれ、高く評価されることは、1つの効用として認められるといえよう。ただし、「おすそわけ袋」による追加的な金銭負担を容認する消費者は2割程度と少ないため、コストの負担は宣伝費と割り切って価格に転嫁しない方が無難であると考える。

5　小括

　本章では、贈答用リンゴに関するおすそわけ行為の実態を調べるとともに、「おすそわけ袋」に対する消費者の評価を明らかにした。その結果、

「おすそわけ袋」の導入に対して消費者の評価は概ね良好であり、消費者による活用可能性は高いという結論に達した。また、今回の調査結果から、試作品「おすそわけ袋」の改良点や適切な枚数などに関する知見を得ることができた。

　次章では大規模個別経営における「おすそわけ袋」導入の有効性を検証するとともに、消費者のおすそわけに対する意識を明らかにする。

注

1) 第4章でも述べているが、贈答においては購買者と消費者は異なる。しかし、贈答用果物の場合、自宅消費用の「お取り寄せ」として自分で注文・購入する消費者もいる。本章においても調査票を入れたリンゴ箱を、「自分で購入した消費者（自家購入）」と「贈答によって入手した消費者（贈答入手）」の区別をせずに発送しており、両者をともに消費者Bとして分析対象としている。

2) 調査葉書は合計 2,840 枚配布したことになるが、実際に消費者Bから消費者Cに渡された枚数がわからないため、回収率は不明である。

3) ロゴマークは盛岡りんご推進協議会が商標登録をしているマークを使用。商品の解説は同ホームページの解説を引用した。

4) レジ袋のように持ち手を長くしなかったのは、デザインの見やすさを優先したためである。なお、「おすそわけ袋」の作成費用は、8,000 枚で約 25 万円、1 枚当たり 32 円である。ただし、単価はロットサイズによって異なる。

5) 入手したリンゴの量については重量と個数をたずねたが、重量の無回答が 65 名、個数の無回答が 39 名といずれかが欠損している回答が多かったため、両方をあわせて集計した。まず、両方とも記入してある回答を基準に、表 6-2 に示した分類項目を作成し、いずれかが欠損している場合にはもう一方の数値に当てはめた。なお、本文では便宜上、重量を表示項目とする。

6) それぞれ関係する項目について無回答を除いて検定にかけたところ、入手方法とおすそわけ行為に関してはカイ二乗検定で 10％水準で有意差がでたものの、5％水準では確認されなかった。一方、入手量とおすそわけ行為との関係では、Fisher の正確検定において 1％水準で有意となった。

7) そのほか、自由記述回答欄には「レジ袋より良い」「高級感がある」「良いアイデア」「宣伝になる」など、好意的な意見が多数寄せられた。

8) 高嶋（2002）はインターネット販売について、「能動的にカタログなどを送るのではなく、消費者がアクセスするのを受動的に待つ形になり、しかも日本中や世界中の業者と競争しなければならなくなる。そこで消費者がどのサイトを選択するかは、消費者が好ましい企業イメージを持っているかどうかに左右される」と述べる。

第7章　消費者のおすそわけ意識と
「おすそわけ袋」による新規顧客の獲得

1　はじめに

　果物の贈答やおすそわけなど消費者間で行われる商品の授受は、受け取る側に商品を紹介する機能を有しており、新たな顧客を生み出す可能性がある[1]。この点に着目し、おすそわけ先の消費者に生産者の情報を伝達するためのツールとして第6章では「おすそわけ袋」というものを考案した。

　ここで、「おすそわけ袋」について簡単におさらいする。リンゴの贈答の場合、「贈答をする立場の消費者A」が生産者に注文をすると、注文を受けた生産者は贈答先の消費者（「おすそわけをする立場の消費者B」）に商品のリンゴを発送する。このとき、生産者がリンゴ箱にチラシ類を入れておけば、生産者の連絡先など商品情報も消費者Bに届けることができる。すると、消費者Bは自分でも同じ生産者からリンゴを購入したいと思った時にはチラシに掲載された情報に基づいて生産者に連絡を取り、あらためて自宅用のリンゴを購入することができる。一方、消費者Bが近所の人などにおすそわけをする場合、通常であれば「おすそわけをされる立場の消費者C」には、商品のリンゴが渡されるだけである。もしここで、消費者Cがその商品を気に入り、同じ生産者に注文をしたいと思っても、基本的には詳しい商品情報などは知らされていないので、自分で注文するのは難しいということになる。

　そこで「おすそわけ袋」の活用となる。「おすそわけ袋」とは、果物をおすそわけする際に利用する小分け袋である。袋の表面に商品をイメージするデザインをあしらい、裏面には商品の特徴など商品情報や生産者の連

絡先などを記載する。そして「消費者 A」から注文を受けた生産者は発送するリンゴ箱にこの「おすそわけ袋」を入れる。するとそれを受け取った「消費者 B」は、普段はスーパーの袋などに入れておすそわけしていたリンゴを、「おすそわけ袋」に入れて「消費者 C」に渡すことができる。「消費者 C」は、受け取ったリンゴが気に入り、購入したいと考えた時には、「おすそわけ袋」に記載された情報を元に、自分でも生産者に注文することができる。このように、「おすそわけ袋」を活用することで、生産者は「おすそわけ先の消費者」に商品のアピールをすることができ、新たな顧客を獲得するチャンスを得ることができる。

　第 6 章では、共通のブランドを掲げる生産者グループにおいて「おすそわけ袋」を作製し、生産者が発送するリンゴ箱に同梱する形で配布実験を行った。その結果、「おすそわけ袋」に対する消費者の評価は概ね良好であり、消費者による活用可能性が高いことが明らかになった。

　一方で、「おすそわけ袋」というものは、そもそも消費者がおすそわけ行為をしなければ意味をなさないアイテムである。第 4 章および第 6 章で提示した消費者調査の結果から、おすそわけの習慣がある消費者は概ね 9 割程度と高い水準にあることがわかっているが、そうした消費者のおすそわけに対する意識についてはまだ明らかにされていない。

　また、第 6 章の調査では、共通のブランドを掲げる生産者グループで作製した「おすそわけ袋」を配布しており、ブランドの宣伝という意味では一定の効果があったといえるが、個別の経営体に導入した事例はなく、「おすそわけ袋」が実際に新規顧客の獲得に結びつくのか、その有効性も明らかにされていない。

　果樹栽培経営における消費者への直接販売の取り組みは、リンゴ主要生産地である青森県では特に大規模層においてその割合が高い（表 7-1）。大規模経営では独自の販売戦略の構築が必要とされており、直接販売における新規顧客獲得は経営戦略上重要な課題になると考える[2]。そこで、本章では「おすそわけ袋」の実用化に向けて、まずは消費者のおすそわけに対

表7-1　果樹栽培面積規模別消費者に直接販売する経営体の割合

（単位：経営体数、％）

果樹栽培面積規模	全　国			東　北			青　森		
	販売目的の果樹栽培経営体	消費者に直接販売	割合	販売目的の果樹栽培経営体	消費者に直接販売	割合	販売目的の果樹栽培経営体	消費者に直接販売	割合
0.1 ha 未満	21,664	8,219	(37.9)	2,306	602	(26.1)	298	33	(11.1)
0.1〜0.3	75,984	22,339	(29.4)	12,141	2,935	(24.2)	2,244	185	(8.2)
0.3〜0.5	48,987	13,569	(27.7)	8,717	2,198	(25.2)	2,364	186	(7.9)
0.5〜1.0	56,698	16,559	(29.2)	11,271	3,086	(27.4)	4,298	311	(7.2)
1.0〜1.5	23,622	7,828	(33.1)	5,837	1,813	(31.1)	3,007	254	(8.4)
1.5〜2.0	11,832	4,014	(33.9)	3,136	1,117	(35.6)	1,791	217	(12.1)
2.0 ha 以上	15,154	5,306	(35.0)	3,746	1,572	(42.0)	2,361	537	(22.7)
計	253,941	77,834	(30.7)	47,154	13,323	(28.3)	16,363	1,723	(10.5)

資料：2010年世界農林業センサスより作成。

する意識を明らかにするとともに、大規模リンゴ作個別経営における「おすそわけ袋」導入による顧客拡大効果とその意義について検証を行う。

2　調査の方法と概要

　本章では、第5章で取り上げたA経営の顧客を対象として、発送するリンゴ箱に「おすそわけ袋」と調査票を同梱してアンケート調査を実施する。さらに、実際に「おすそわけ袋」を見て注文してきた新規顧客の人数をA経営の販売担当者に記録してもらい、「おすそわけ袋」の導入効果を計測する。以下、A経営の概要、今回作製した「おすそわけ袋」の概要、アンケート調査の概要について述べる。

1）A経営の概要

　A経営は経営規模13.5haの大規模リンゴ作経営である。経営主と長男が主に生産を、妻が経理を担当し、経営主の妹と次女が販売を担当している。他に雇用労働力として常雇用5名とパート雇用がある。

A 経営の作業体系は省力的でかつ大玉、内部品質の向上が図られる体系であるが、「葉とらず栽培」を特徴としているため、葉陰がつくなど外部品質の低下がみられる。そこで、価格が低下する委託販売ではなく、葉とらず栽培を前提とした取引先として地方百貨店、ローカルスーパーおよび生協など小売業への相対取引を販売戦略の核としている[3]。

一方、常設の直売所は 1990 年の秋に開設している。ここでは「葉とらずりんご」の内部品質の高さを消費者に理解してもらうようコミュニケーションを重視した接客に努め、固定客を獲得するとともに口コミによる顧客拡大が行われてきた。さらに、2007 年にホームページを開設し、商品の紹介や注文の受付をインターネット上でも行っている。

総収穫量約 1 万 4,000 箱（1 箱 20 kg）のうちの半分以上が小売業との相対取引で販売され、規格外品を除いた残りの約 6,000 箱程度が直売所や宅配によって消費者に直接販売されている。これを所得としてみると、消費者への直接販売が所得全体のほぼ半分を占めており、所得形成上重要な役割を果たしている[4]。

2）配布した「おすそわけ袋」の概要

写真 7-1 は今回の調査で配布した「おすそわけ袋」である。表面にはA 経営の特徴である「葉とらずりんご」のロゴマークが大きく表示されている。裏面には A 経営の名称、ホームページアドレスや電話番号などの連絡先の他、「葉とらずりんご」の特徴や栽培のこだわりについて説明されている。

大きさは、おおよそ B4 サイズ（縦 36.7 cm、横 26 cm）である。また側面には 13.4 cm のマチが入っている。なお、第 6 章において 2010 年に実施した「おすそわけ袋」に関する顧客アンケート調査（以下、「2010 年調査」）では、ひとまわり小さい A4 サイズの「おすそわけ袋」を作製している。これはリンゴを 2〜3 個入れるのにちょうど良い大きさであったが、アンケートの結果「小さい」という意見が約 2 割みられた。そこで今回は B4

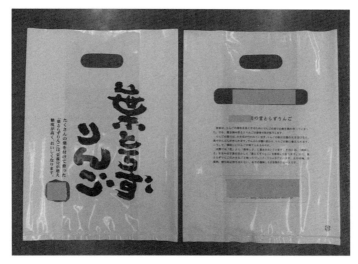

写真 7-1　配布した A 経営の「おすそわけ袋」

サイズでマチも大きくし、5〜6 個程度のリンゴが余裕で入る大きさにした [5]。

3）アンケート調査の概要

　調査は 2012 年 11〜12 月にかけて実施した。A 経営が発送するリンゴ箱に「おすそわけ袋」2 枚と調査の依頼文書、調査票、返信用封筒を入れ、郵送で回収した。配布した調査票が 1,000 部、このうち回収した調査票が 231 部である。

　調査項目は回答者属性に関する設問、入手したリンゴの量や入手方法などリンゴの入手状況、おすそわけの有無とその内容、「おすそわけ袋」に対する評価など、2010 年調査と同様の質問をした上で、おすそわけに関する意識を問う項目を設けた。

　回答者の属性は、年齢では 60 歳以上が 55％と多く、性別では女性（76％）が、世帯員数では 2 人世帯（40％）がもっとも多くなっている。子

どもがいる世帯は2割強、居住地は関東地方が4割を占めている（表
7-2）。

表 7-2　回答者属性

（単位：人、%）

区分		人数	割合
年齢	20代	7	3.0
	30代	22	9.5
	40代	24	10.4
	50代	49	21.2
	60代	85	36.8
	70歳以上	42	18.2
	無回答	2	0.9
性別	男性	53	22.9
	女性	176	76.2
	無回答	2	0.9
居住地	北海道	20	8.7
	東北	34	14.7
	関東	94	40.7
	中部	21	9.1
	近畿	38	16.5
	中国	10	4.3
	四国	4	1.7
	九州・沖縄	9	3.9
	無回答	1	0.4
世帯員数	1人	15	6.5
	2人	93	40.3
	3人	61	26.4
	4人	35	15.2
	5人	18	7.8
	6人	3	1.3
	7人以上	5	2.2
	無回答	1	0.4
18歳未満の子ども	いる	52	22.5
	いない	177	76.6
	無回答	2	0.9
全体		231	100.0

資料：アンケート調査より集計。

3　結果

1）リンゴの入手状況およびおすそわけ状況

　リンゴの入手形態では、「自分で購入した（以下、自家購入）」が 34％、「他の人から贈られた（以下、贈答入手）」が 66％である。入手量は 5 kg と 10 kg がほぼ同数である。品種は複数回答でふじがもっとも多く、他に王林やシナノゴールドなどが挙げられる（表 7-3）。

　今回、「おすそわけをした」、または「これからするつもりである」と答えた回答者の割合は 87％、200 人である。このうち、おすそわけをした相手の人数は「2 人」が 29％、「3 人」が 23％と多くなっている（表 7-4）。1 人当たりにおすそわけをしたリンゴの個数は「3 個」がもっとも多くて 30％、「5 個」が 20％、「4 個」が 18％となり、「3〜5 個」で 7 割近くを占

表 7-3　リンゴの入手状況

(単位：人、%)

		人数	割合
	3 kg（10 個以下）	10	4.3
	5 kg（12〜20 個）	90	39.0
入手量	10 kg（24〜40 個）	93	40.3
	15 kg 以上（42 個以上）	37	16.0
	無回答	1	0.4
入手方法	自分で購入した（自家購入）	78	33.8
	他の人から贈られた（贈答入手）	153	66.2
	ふじ・サンふじ	204	88.3
	王林	62	26.8
品種（複数回答）	シナノゴールド	35	15.2
	もりのかがやき	5	2.2
	こうこう	1	0.4
	わからない・無回答	11	4.8
	した（する予定）	200	86.6
おすそわけの有無	しなかった（しない予定）	29	12.6
	無回答	2	0.9
	全体	231	100.0

注：入手量は重量と個数のいずれか一方しか回答のないものが多いため、1 つにまとめた。
資料：アンケート調査より集計。

表7-4　おすそわけの概要

（単位：人、％）

区分		人数	割合
おすそわけを した人数	1人	27	11.7
	2人	67	29.0
	3人	52	22.5
	4人	19	8.2
	5人	14	6.1
	6人以上	18	7.8
	無回答	3	1.3
おすそわけ先 （複数回答）	友人	86	43.0
	近所の人	79	39.5
	子ども	66	33.0
	親	33	16.5
	兄弟	32	16.0
	親戚	32	16.0
	仕事関係	29	14.5
	先生等	14	7.0
	その他	4	2.0
おすそわけを した総数	5個以下	34	17.0
	6〜10個	84	42.0
	11〜15個	31	15.5
	16〜20個	30	15.0
	21〜30個	14	7.0
	31個以上	5	2.5
	無回答	2	1.0
1人当たり 個数	1個（1.5未満）	3	1.5
	2個（1.5〜2.5未満）	24	12.0
	3個（2.5〜3.5未満）	59	29.5
	4個（3.5〜4.5未満）	36	18.0
	5個（4.5〜5.5未満）	40	20.0
	6個（5.5〜6.5未満）	12	6.0
	7個（6.5〜7.5未満）	8	4.0
	8個（7.5〜8.5未満）	4	2.0
	9個以上（8.5以上）	9	4.5
	無回答	5	2.5
説明	詳しく説明した	34	17.0
	簡単に説明した	130	65.0
	特に説明はしなかった	36	18.0
袋利用	利用した	170	85.0
	利用していない	29	14.5
	無回答	1	0.5
全体		200	100.0

資料：アンケート調査より集計。

める。また、「おすそわけ袋」の利用については、おすそわけをした回答者のうちの 85％が「利用した」と回答している。このように、「2〜3 人に」「3〜5 個ずつ」おすそわけをして、「袋の利用が 85％」というのは、概ね 2010 年調査と同じような傾向を示している。

　続いておすそわけの有無を属性別にみる（表 7-5）。ほとんどの回答者がおすそわけをしているため大きな差は出ないが、年齢でみると、60 歳以上の高齢者の方がより高い割合でおすそわけをしていることがわかる。性別では、男性より女性の方が多く、世帯員数では 2 人以下世帯の方が多くなっている。子どもの有無による差はなかった。入手形態では、自分で購入した回答者よりも贈答によって入手した回答者の方がおすそわけをする割合が高くなっている。また入手量では、10 kg 以上の方が高くなってい

表 7-5　属性別おすそわけ行為の有無

(単位：人、%)

分類		おすそわけをした		おすそわけをしなかった		合計	
年齢**	60 歳以上	116	(92.8)	9	(7.2)	125	(100)
	60 歳未満	82	(80.4)	20	(19.6)	102	(100)
性別*	男性	42	(79.2)	11	(20.8)	53	(100)
	女性	156	(89.7)	18	(10.3)	174	(100)
世帯員数⁺	2 人以下	98	(91.6)	9	(8.4)	107	(100)
	3 人以上	101	(83.5)	20	(16.5)	121	(100)
子ども	いる	45	(86.5)	7	(13.5)	52	(100)
	いない	153	(87.4)	22	(12.6)	175	(100)
入手形態**	自家購入	61	(79.2)	16	(20.8)	77	(100)
	贈答入手	139	(91.4)	13	(8.6)	152	(100)
入手量	5 kg 以下	84	(84.0)	16	(16.0)	100	(100)
	10 kg 以上	115	(89.8)	13	(10.2)	128	(100)
全体		200	(87.3)	29	(12.7)	229	(100)

注：1）属性区分ごとに無回答の項目を除いて集計しているため、全体の人数と一致しない場合がある。
　　2）「**」「*」「⁺」はカイ二乗検定の結果、それぞれ 1％、5％、10％水準で有意に差があることを示す。
　　3）下線は、有意差の生じた区分について、おすそわけをした割合が全体より高い属性を示す。
資料：アンケート調査より集計。

るが、有意な差はなかった[6]。

2）おすそわけに関する意識

　表7-6はおすそわけに関する意識についてたずねた結果である。各項目について「あてはまる（＋2点）」から「あてはまらない（−2点）」まで5段階で回答したものを得点化して平均値を算出している。ここでは、全体の平均得点のほか、おすそわけの有無による意識の差と、回答者属性のなかでも特におすそわけの有無において有意差が大きかった年齢による意識の違いをみることにする。

　第1に、「1．おすそわけをした相手に喜ばれると自分も嬉しい」という項目の得点が非常に高くなっている。また、「2．おすそわけをする相手には商品の良さを知ってもらいたい」と「3．おすそわけをするのが好きだ」という項目の得点も高く、おすそわけに対する積極的な態度が読み取れる。「4．良い物をおすそわけすると誇らしい気分になる」の得点も高く、おすそわけ行為そのものが消費者の効用を高める効果があることを示している。特におすそわけをした回答者にその傾向が強く表れている。年齢別では、「2．商品の良さを知ってもらいたい」と「3．おすそわけが好き」という項目で高齢者層の得点が高くなっている。

　おすそわけの機能としては「5．おすそわけは良好な人間関係を保つのに役立つ」ということを高く評価している。また、「6．お互いにおすそわけをすると色々な物が試せるのでよいと思う」の得点も高く、おすそわけには社会的な機能に加え、情報交換的な機能もあることを示している。これらの項目はおすそわけをした回答者で特に高くなっているが、年齢による大きな差はみられない。

　一方、おすそわけに対する抵抗感として「7．おすそわけをすると相手が負担に思うのではないかと考える」や「8．いただいた物を他の人におすそわけすることには抵抗がある」といった項目は、全体としてはマイナスの数値を示しており、おすそわけに対する抵抗感はほとんどないといえ

表7-6　おすそわけに関する意識

	項目	平均得点	おすそわけの有無		回答者年齢	
			あり	なし	60歳以上	60歳未満
積極的な態度	1. おすそわけをした相手に喜ばれると自分も嬉しい	1.81	1.84	1.59 **	1.80	1.82
	2. おすそわけをする相手には商品の良さを知ってもらいたい	1.47	1.53	1.07 **	1.56	1.37 *
	3. 良いものをおすそわけするのが好きだ	1.41	1.48	0.89 **	1.51	1.30 +
	4. 良いものをおすそわけすると誇らしい気分になる	1.08	1.16	0.48 **	1.16	1.01
機能	5. おすそわけは良好な人間関係を保つのに役立つと思う	1.52	1.58	1.11 **	1.57	1.48
	6. お互いにおすそわけをするといろいろなものが試せるのでよいと思う	1.06	1.13	0.56 **	1.08	1.04
抵抗感	7. おすそわけをすると相手が負担に思うのではないかと考える	-0.49	-0.59	0.26 **	-0.68	-0.25 **
	8. いただいたものを他の人におすそわけすることには抵抗がある	-1.07	-1.19	-0.19 **	-1.20	-0.92 +
届く量との関係	9. 食べきれないほど届いたら、おすそわけをすればよいと思う	1.37	1.39	1.22	1.31	1.43
	10. 家庭内で食べきれる量であってもおすそわけに回すことがある	0.78	0.90	-0.04 **	0.98	0.54 **
	11. おすそわけをしたいので、その分多めに届いた方がよい	0.45	0.57	-0.37 **	0.64	0.24 *
	12. たくさん届いておすそわけをするよりも、適量が届いた方がよい	-0.11	-0.23	0.74 **	-0.30	0.12 *
受け手側の意識	13. おすそわけされたものが気に入れば自分でも購入したいと思う	1.38	1.37	1.41	1.36	1.40
	14. おすそわけをされるのが好きだ	0.74	0.86	-0.11 **	0.81	0.67
	15. おすそわけをされたら何かお返しをするべきだと思う	0.67	0.71	0.41	0.63	0.71

注：1) 各項目について「あてはまる（+2）」「いくらかあてはまる（+1）」「どちらともいえない（0）」「あまりあてはまらない（-1）」「あてはまらない（-2）」と得点化し、平均点を出した。

2) 項目ごとに無効回答は除外して計算している。

3) 「**」「*」「+」は検定分析の結果それぞれ1%、5%、10%水準で有意に差があることを示す。

4) 下線は有意差がある項目において、平均得点が高いことを示す。

資料：アンケート調査より集計。

る。しかし、「7．相手の負担感」についてはおすそわけをしなかった回答者でプラスの数値を示しており、こうしたことを気にする消費者も一定程度存在することを示している。いずれも得点としては高くないが、おすそわけをしなかった回答者、年齢の若い回答者には、おすそわけに対する若干の抵抗感がみてとれる。

　届くリンゴの量とおすそわけとの関係では、いくつかのパターンでたずねた結果、「9．食べきれないほど届いたらおすそわけをすれば良い」という考えがもっとも支持された。これは今回おすそわけをしなかった回答者でも得点が高くなっている。「10．家庭内で食べきれる量であってもおすそわけに回すことがある」という項目は、全体としてはあまり得点が高くないが、おすそわけをした回答者、年齢層の高い回答者においては1ポイント近く獲得しており、自宅で食べるよりもおすそわけを優先する姿勢もみられる。逆に「12．たくさん届いておすそわけをするよりも、適量が届いた方がよい」という意見は全体としてはマイナスの数値を示しているが、おすそわけをしなかった回答者では0.7ポイントとやや高めの数値を示しており、おすそわけに対する消極的な態度を示しているといえよう。

　最後に、おすそわけを受ける立場になった場合についてみる。「13．おすそわけされたものが気に入れば自分でも購入したいと思う」という得点が高くなっており、ここでもおすそわけという消費者間の商品の授受が、商品の宣伝として非常に高い効果を持つことが確認できる。そのほか、「14．おすそわけをされるのが好きだ」は全体としては得点が高くないが、おすそわけをした回答者で0.9ポイント近くを示しており、おすそわけをしたりされたりということを楽しむ傾向にあることがわかる。ただし、「15．おすそわけをされたら何かお返しをするべきだと思う」の得点はそれほど高くなく、義務感を感じるほど堅苦しくは捉えられていないといえよう。

3）「おすそわけ袋」による新規注文数

　「おすそわけ袋」の導入効果については、A 経営においてそのシーズン中（2012 年 12 月〜2013 年 3 月頃）に新規で来た注文のうち、「おすそわけ袋」を見て注文してきたことが確認できたものをチェックしてもらった。表 7-7 は新規に注文してきた人数と注文した箱数、合計金額を示している。これをみると関東地方の新規顧客が 11 人で合計 40 箱、東北地方の新規顧客が 7 人で 63 箱と多くなっている。1 人につき大体 1〜4 箱程度の注文が多いが、中には 10 箱、40 箱と、贈答向けの大口の注文もあり、21 人で 114 箱の注文となっている。金額では、送料込みで 45 万 7,000 円である[7]。

　ただしこれらは、電話注文を受ける際に「おすそわけ袋」を見たことが確認できた顧客に限定される。繁忙期には注文を受ける際に確認しそびれてしまうこともあり、必ずしも全てを把握できているわけではない。さらに、「おすそわけ袋」には A 経営のホームページアドレスが記載されており、直接インターネット上で受注した場合には「おすそわけ袋」がきっかけとなっているかどうか確認はできない。これらのことから、実際には更に多くの新規注文が「おすそわけ袋」によって喚起された可能性がある。

表 7-7　「おすそわけ袋」を契機とした新規注文

(単位：人、個、円)

地域	人数	箱数	金額
北海道	2	10	41,800
東北	7	63	247,715
関東	11	40	164,200
近畿	1	1	3,400
合計	21	114	457,115

注：1）「箱数」は発送した段ボール箱の数量。
　　2）「金額」はリンゴ代と送料の合計。
資料：A 経営の販売担当者の記録より集計。

4　考察

1）消費者に対する「おすそわけ袋」の効果

「おすそわけをするのが好きだ」という項目が高得点を得ていることからわかるように、消費者にとってはおすそわけ行為そのものが1つの楽しみと捉えられているといえよう。そして、「喜ばれると嬉しい」「商品の良さを知ってもらいたい」「良い物をあげると誇らしい」など、自分がおすそわけをするものの良さが相手にも伝わることでさらに効用が高められることになる。こうした消費者の意識に照らすと、商品の特徴や生産者のこだわりがはっきりわかるような「おすそわけ袋」は消費者のニーズに合致するものといえる。

また、届くリンゴの量とおすそわけとの関係では、「食べきれないほど届いたらおすそわけをすれば良い」という考えがもっとも支持されている。したがって、たとえ家庭内で消費しきれないほどのリンゴが届いたとしても、さほど負担に感じることはなく、おすそわけという別の楽しみのために利用されることになる。第3章で、リンゴを贈答利用する意向のない消費者が、その理由として「人数の少ない家庭では持てあます」ことを心配している点を示したが、このようなおすそわけを前提とした消費形態が一般的に認知されれば、リンゴを贈答する立場の消費者としても、贈る量に関する気配りの負担を軽減することになるであろう。「おすそわけ袋」の存在はそうした認識を広めることにも貢献すると考える。

2）「おすそわけ袋」導入の効果と意義

今回、「おすそわけ袋」の導入効果として示した新規顧客の注文数は、あくまでも「おすそわけ袋」を契機としていることが確認できたものに限られる。A経営では顧客名簿を作成していないので、全体の顧客数および新規顧客数の把握は難しく、例年に比較して新規顧客がいかに増加したかを測ることはできない。また、そのシーズン中に連絡のあった件数の集計であり、次のシーズンに新たに注文してくる顧客や、前述の新規顧客が

翌年以降もリピーターとなる可能性を考慮すると、継続的な影響について把握できていない点も課題として残る。しかし、「おすそわけをされる立場の消費者」が自分でも注文したいと思った時に、生産者へとつなぐルートが「おすそわけ袋」によって形成され、「おすそわけ袋」が新規の顧客を呼び込む効果があるということは今回の調査で確認できたといえよう。

　次に、個別経営としてのA経営において「おすそわけ袋」を導入する意義について考察する。A経営は葉とらず栽培による外部品質の低下に対応するために、内部品質の高さを評価してくれる販売先として小売業への相対取引や消費者への直接販売を重視している。所得の面でみると、直売所や宅配など消費者への直接販売は所得全体の半分を占めており、所得形成上非常に重要な役割を果たしている。こうした消費者への直接販売において「おすそわけ袋」を導入することは、これまで接点のなかった新たな消費者に対して、商品とともに自身の経営のこだわりを伝える事ができるので、宣伝効果としては非常に大きいと考える。

　一方、直接販売による所得を十分確保しており、なじみの顧客から毎年安定的に注文を受ける現状において、これ以上新規の顧客が必要かという疑問も生じるであろう。しかし、顧客が高齢化するにつれて、例えば年金生活で収入が減ったため贈答の量を減らすとか、贈答の相手が亡くなってしまったとか、顧客自身が亡くなったなど、年々固定客が減少していくことは避けられず、こうした経営を支える顧客数を維持するためには新規の顧客を常に獲得するようなシステムを確立することが重要となる。そうした意味で、「おすそわけ袋」は現状のシステムを活かしながら少しずつ新規の顧客を獲得するツールとして非常に有効であると考える。

3）「おすそわけ袋」導入の留意点

　今回は大規模個別経営に「おすそわけ袋」を導入した結果について述べたが、最後に生産者グループで共通のブランドを掲げて配布する場合を含め、「おすそわけ袋」をより効果的に活用するための留意点について述べ

る。まず、グループの場合は共通の袋に個別の連絡先をシールで貼るという対応が必要である。個別経営の場合は自分の連絡先を最初から印刷することができるので、シールを貼る手間が省け、出来上がりもきれいになる。また、経営独自のこだわりや商品の特徴などを直接「おすそわけ袋」に書き込むこともできる。さらにホームページを開設している場合には、そのアドレスを記載することで、詳細な情報を伝達することができる。そこで受注もできるシステムを構築していれば消費者にとって注文しやすい環境になり、顧客拡大効果が高まるものと考える。

　袋に掲載するロゴマークなどのデザインは、既に経営として用意していれば流用することができるが、初めから作る場合にはデザイン料などのコストがかかることになる。「おすそわけ袋」を作る際に問題となるのがこうしたマークやアピールポイントの有無である。Ａ経営ではすでにパンフレット類を作製するなど消費者へのプレゼンテーションの体制が整っていたため、そこから引用する形で袋のデザインを決めることができたが、こうした準備がない経営の場合には、マークの作製や、何を消費者にアピールするのかといった部分で検討が必要となる。グループの場合でもその点は同じであるが、すでに共通のブランドを確立している、または確立させたいブランドがはっきりしている場合には比較的導入しやすいといえる。

　袋の費用は、ロットの関係から枚数が多くなると単価が下がるので、できるだけ大量に作製したほうが１枚当たりのコストを削減することができる。しかし、作製した袋を無駄なく配布するには、相応の顧客数が確保されていなければならないので、個別経営で取り組むか、グループでまとまるかという判断の基準の１つになるであろう。グループで取り組む場合には、費用を出し合って一経営当たりの負担を小さくすることもできるので、導入はしやすいといえる。

　また、袋を見た新規顧客から連絡があった際には注文に応えられる体制を整えておくことも重要である。個別経営であればシーズン中の在庫が確

保できていることが、グループであれば自身で対応できない場合には他の仲間を紹介するなど連携をとることが必要になるであろう。

　以上のことから、ある程度の規模の直接販売に取り組める、アピールポイントのはっきりした経営、消費者への直接販売が販売の中心的な役割を果たす経営であれば個別の袋を作製した方がメリットは大きくなる。一方、委託販売を中心に一部で直接販売に取り組みたい、または仲間と共に産地のブランド化に取り組みたいといった場合には、グループでまとまるといった対応が効果的であると考える。

5　小括

　本章では、消費者がおすそわけ行為そのものを楽しんでおり、相手に商品の良さが理解され喜ばれることを望んでいることを明らかにした。こうした消費者のニーズに基づき「おすそわけ袋」のデザインや表示内容を工夫することで、消費者の効用を高めるとともに、「おすそわけ袋」の顧客拡大効果も強まることが期待される。

　また、大規模リンゴ作個別経営において「おすそわけ袋」を導入することで、新規の顧客を呼び込み、生産者へとつなぐ効果があることを確認した。ただし、「おすそわけ袋」を契機とした新規注文の全てを把握することは難しく、これは今後の課題としたい。

　「おすそわけ袋」の導入には、これまで示したように個別経営で取り組む事例や生産者グループで共通ブランドを掲げる事例のほか、自治体等が地域の特産品を宣伝する目的で導入することも考えられる。現時点では未だ試用段階にすぎないが、生産者、消費者の双方にメリットのある取り組みといえるので、より効果的な導入方法を検討するとともに、広く活用されることを期待する。

注
1）辻本ら（2010）は物産展来場者に対するアンケート調査の結果から、おすそわけにはク

チコミ効果と購買連鎖効果があることを示している。
2）長谷川（2013）は、農協共販や産地商人では基本的に中小規模経営の労働集約的技術に対応した外観を中心とする品質重視の販売戦略が組まれているため、大規模リンゴ作経営においては販売戦略が独自に構築され、販売機能がより充実することが想定されると述べる。
3）A経営の生産および販売については長谷川（2013）で詳細に述べられている。
4）長谷川（2013）および聞き取り調査の結果をもとに、取引先別の価格や出荷量、販売経費などから試算した結果。直売所や宅配については正確な数値が把握できないため、全体の所得から相対取引の合計を差し引いた金額を消費者への直接販売による所得とみなしている。
5）サイズが大きくなった分、また資材費の値上がりなどにより単価は少し高くなっており、表面2色、裏面1色刷り、8,000枚製作して1枚当たり34円（税抜）となっている。なお、大きさに関する評価では、「小さすぎる」が7％に減少する一方で、「大きすぎる」が9％に増加した。
6）この点について2010年調査では、入手形態では自家購入の方が若干割合が高いという結果が出ており、入手量別では入手量が多いほど有意におすそわけをする割合が高いという結果が出ていることから、現段階では一般的な傾向として述べることは難しいと考える。
7）調査票と一緒に配布した「おすそわけ袋」は2枚×1,000箱＝2,000枚であるが、「おすそわけ袋」自体は8,000枚作製しており、余部はA経営で自由に使用してもらった。したがって、調査時点において総数として何枚の「おすそわけ袋」が配布されたかを正確に把握することはできないが、ここで示した新規注文が「おすそわけ袋」2,000枚だけを配布した結果ではないことには注意する必要がある。

終章　まとめと今後の課題

　果物の供給過剰が続き、輸入果物の増加による果物価格低迷の中で、国産果物は高品質化による価格の上昇に生き残りの道を求めている。本書では、高級品市場のチャネルの1つとして有望とされる贈答用果物の直接販売に焦点を当て、主に消費者調査による分析からマーケティング方策の提示を試みた。以下、各章の要約と今後の課題について述べる。

1　各章の要約

　第1章では、家計における贈答用果物の位置づけと贈答用果物支出の実態を明らかにした。総務省統計局の家計調査結果では、果物支出のうち贈答用に支出された金額を直接示す項目はない。しかし、消費支出における二種類の分類、すなわち、世帯が購入した商品およびサービスを同一商品は同一項目に分類する「品目分類」と、世帯で購入した商品を、その世帯で使うか、それとも他の世帯に贈るかという使用目的によって分類する「用途分類」との差額から各項目における交際費を算出し、分析を行った。

　結果として、以下の点が明らかになった。家計における交際費支出は、食料、家具・家事用品、被服及び履き物、教養娯楽、他の物品サービスに分類されるが、このうち食料への支出は6割以上を占めている。食料交際費のなかでもっとも支出が多いのは外食と菓子類であり、果物がそれに続く。また、これら交際費が支出全体に占める割合を項目別にみると、菓子類がもっとも高く、それに次ぐのが外食と果物である。

　果物の家計消費について時系列でみると、1970年代に2人以上世帯で1カ月当たり6,000円以上あった果物支出が、2000年代には約3,000円と半

減し、長期的な減少傾向にあることがわかる。その中で、贈答用果物支出はおおよそ一定の水準を保っているため、相対的に贈答用の比重が高まっているということができる。

　また、贈答用果物支出には地域性があることもわかった。県庁所在地別に贈答割合を調べると、月によって果物支出の半分以上を贈答に向けている都市があることが確認できる。また、このように贈答割合が高まる時期に多く購入されるのは、その地域の特産果物であることから、果物の贈答は、果物生産地の地元消費者によって多く行われているということができる。すなわち、贈答用果物の主要な販売ターゲットは果物生産地の地元消費者であることが明らかとなった。

　第2章では、第1章の結果を受け、贈答用果物の主要な販売ターゲットとなるリンゴ生産地の地元消費者を対象に定性的調査を行い、自家用および贈答用リンゴに対する消費者ニーズを明らかにした。生協組合員10名をモニターとして、リンゴが多く出回る10月〜翌2月の5カ月間に記帳調査を行い、リンゴの入手・購買状況を把握した。さらにその結果を踏まえて面接調査を行い、評価グリッド法の適用によりリンゴに対する評価構造を明らかにした。

　評価グリッド法は比較対象物を用意しておいてこれを比較評価させ、その評価判断の理由を聞くところに特徴がある。自家用リンゴについては、記帳調査で得られたデータを基に品種、価格、数量、購入先その他の情報を記述したカード20枚を提示した。贈答用リンゴについては、実際にその時期に配布されていた商品カタログのコピーを用いて、合計60アイテムを提示した。

　調査の結果、自家用リンゴについては適正とする価格は回答者によって幅があるものの、1個100円を超えると高いと感じる回答者が多かった。個数は割安な3〜5個を望む者が多く、たくさん食べられると同時に、新鮮なうちに食べきれる量が求められた。また、「色々な味を食べたい」というニーズがあり、季節感のある品種の品揃えが重要であることがわかっ

た。さらに、コメント等の表示による情報発信も有効であることが示された。

　贈答用リンゴに対しては、価格は各家庭の歳暮として適正な価格が基準とされた。大きいサイズの方が見栄えが良いと考えられており、量は相手の消費を考慮して少なめを望む傾向にあった。複数品種や赤・黄の組み合わせ、他の果物とのセットなどで贈答相手にも楽しんでもらいたいと考えており、商品の説明、ネーミングなども贈答相手とのコミュニケーションの材料として重要とされた。また、県内産のものを贈りたいという意識が強くみられた。一方、リンゴを贈答利用しない理由としては、相手が消費しきれず持てあますのではないかと心配する声が挙げられた。また、青果物であるリンゴを贈答することに対して、品質のバラツキを心配する声も多く、こうした消費者の不安感を取り除く必要があることを示した。

　第3章では、リンゴ生産地である岩手県盛岡市に居住する消費者を対象とした大量アンケート調査によって、果物生産地における地元消費者の贈答意識と購買行動を明らかにした。まず、贈答行為については、回答者の8割弱に歳暮の習慣があることがわかった。毎年歳暮を贈る割合は60歳以上で高く、一般的にいわれるように若い世代ほど少なくなっているが、一方で20〜30代の半数近くが毎年歳暮を贈っていることもわかった。

　贈答相手としては、親族や友人など身近な人が多く、継続的な贈答が行われている可能性が示唆された。また、リンゴ生産地ではない地域に贈答相手を持つ回答者が多数存在していることもわかった。歳暮期の贈答に関する意識としては、相手の好みや家族状況などを考慮し、自分が使ってみて良いと感じたものを贈りたいという意識と、自分の住む地域と関わりのあるものを贈りたいという意識が確認された。

　リンゴの贈答利用については、7割の回答者にリンゴの贈答利用経験があった。特に毎年歳暮を贈る回答者に限定すると、リンゴの贈答利用経験者は8割以上にのぼり、リンゴが歳暮期の贈答アイテムとして非常に重要な位置を占めていることが確認できた。

　リンゴの購入先としては、生産者からの直接購入がもっとも多く、農産物直売所がそれに続く。リンゴを贈答利用する頻度の高い回答者の方が、生産者から直接購入する傾向にあり、贈答用リンゴの重要な購入先であることがわかる。また、贈答利用するリンゴの産地としては盛岡市内や岩手県内の他市町村が多く挙げられており、果物生産地の地元消費者が、地元の果物を贈答に利用しているということがここでも確認できた。

　贈答用リンゴに関する意識からは、強い地元志向と贈答相手への配慮がうかがえた。特に、生産者から直接購入している回答者は、自分で味を確認できることを重視しており、自信をもって良いものを贈りたいとする姿勢が読み取れる。一方、生産者から直接購入をしていない回答者は、表示や外観をもとにリンゴの品質を判断していることが示唆された。

　また、今後のリンゴの贈答については、8割近くが利用意向を示していた。一方、回答者の2割はリンゴを贈答利用する意向がないことがわかった。その理由としては、相手が持てあますことや、品質のバラつきを心配する声が挙がっており、これらを克服することがリンゴの贈答利用を拡大する上で課題になることを示した。

　以上、第1章から第3章では、贈答用果物の主な販売ターゲットは地元消費者であり、その購入先として消費者に直接販売を行う生産者が重要であることを明らかにした。一方、地方都市の人口減少が指摘されるなかで、地元消費者だけを対象に販売戦略を立てることには限界があり、より広い範囲の消費者を顧客として獲得する方策を考えていくことが必要とされる。

　そこで第4章では、地元消費者以外への顧客拡大方策を明らかにすることを目的に、農家直販における顧客を対象としたアンケート調査を実施した。回答者の多くは県外の消費者であり、自ら生産者に注文して取り寄せた回答者を「自家購入」、他の人から贈答されて入手した回答者を「贈答入手」と分類した。

　まず、産地との関係については、自家購入の場合は回答者自身が、贈答

入手の場合はリンゴの贈り手が、生産県における居住経験や親族の居住など、何らかの関わりを示す回答が多くみられた。このことは、贈答用リンゴは地元消費者やその関係者によって購入されることが多く、地元消費者を販売ターゲットとすることが有効であることを裏付けている。

　一方で、自家購入の回答者からは、他の人からもらったリンゴを気に入ったことが購入のきっかけとして多く挙げられ、7割近くの自家購入者は贈答用にもリンゴを購入していることがわかった。また、今回贈答入手した回答者の半数以上が、自分でも同じ生産者から購入したい、自分も贈答利用したいと答えている。これらのことは、消費者間のリンゴの授受が新たな顧客の獲得へとつながる可能性を示唆している。

　もう一点、注目すべきは、おすそわけ行為の多さである。自家購入者、贈答入手者ともに9割以上の回答者におすそわけの習慣があることがわかった。すなわち、直接贈答を受けた消費者だけでなく、その周辺の消費者との間にもリンゴの授受が行われており、顧客拡大の可能性は更に広がるのである。

　以上のことから、贈答用果物の顧客拡大プロセスとして、①生産者はもっとも購入する可能性の高い地元消費者に対して積極的に販売促進活動を行う。②地元消費者は贈答用としてそれを購入し、県外に住む親族や知人に贈る。③リンゴを受け取った県外消費者は実際にそれを食べて、味や品質を確認し、気に入った場合には自分でも生産者に注文して自家用に購入したり、他の消費者に贈答したりする。④また、この贈答入手した県外消費者は、受け取ったリンゴや自分で購入したリンゴを近所の人などにおすそわけとして配ったりもする。⑤そうしてリンゴを手に入れた消費者が、また新たな顧客となって各自でリンゴを購入し、また他の消費者にも配ることにより、さらに顧客が拡大していく、という流れを提示した。

　このような流れをつくるためには、リンゴを受け取った消費者に商品が高く評価されることが前提となるが、加えて、消費者が生産者に確実にアクセスできる仕組みづくりが必要であることを述べた。

　第5章では、消費者への直接販売に先進的に取り組む生産者が、いかにしての顧客を獲得し販売管理を行っているか、その実態について明らかにした。

　販売管理業務における対応の特徴は以下の通りである。まず、注文の受付は電話が出発点となるが、電話注文は手間がかかる上に間違いが生じやすいことから、FAX、メールなど文字で残る受注方式に移行することが課題となる。送り状の作成も一般的には手書きから始まるが、これも荷口数が増えると作業量が膨大となる。その対応として、パソコン利用を進めるとともに、宅配業者と契約して送り状発行システムを導入する傾向にある。梱包作業では注文内容に沿って確実に荷詰めをすることが大前提であるが、荷口数が多くなればミスも発生しやすくなる。そこで、各経営とも送り状と注文内容の情報を一元的に管理し、正確な情報伝達に努めている。代金決済については、代引きやコンビニ決済などが宅配業者との法人契約により進められている。また、クレジット決済は手数料が発生するが、入金確認などの作業の効率化を図ることができる。

　このように、先進経営では取り扱い荷口数の増大による省力化の必要性の高まりから、販売管理業務の効率化と作業ミスの減少を目的に対応がとられていた。その有効な手段として宅配業者との法人契約など外部サービスが活用されていることを明らかにした。

　顧客拡大については、大きく分けて3つの段階があることがわかった。第1に、これまで全く接点のなかった消費者にアクセスし、顧客を拡大する新規顧客開拓の段階である。直売所やホームページの開設などが活用される。第2に、新規に開拓した顧客をリピーターとして定着させる段階である。直売所でのコミュニケーションやホームページのこまめな更新が消費者との関係維持に役立っている。また、ダイレクトメールの発送もリピート率の向上に貢献している。第3に、既存の顧客の社会関係に基づいて新たな顧客を獲得していく段階である。いずれの経営も、チラシ類を活用してクチコミや贈答など消費者間の社会関係の中で顧客を広げる工夫を

している。

　以上、顧客拡大の過程には３段階あり、先進経営においてはそれぞれの段階に応じた方策がとられていた。一方、この３つの段階を貫通して、積極的なコミュニケーションにより顧客との関係性を深化させることが重要であり、消費者の社会的関係を活用しながら顧客拡大を図っていることが明らかになった。

　このように、先進経営ではチラシ類をリンゴ箱に同梱することで、贈答先の消費者を新たな顧客として獲得する方法を採用していた。これは、第４章で提示した顧客拡大プロセスにも沿う方策である。ところが、もう一方のターゲットとなり得るおすそわけ先の消費者に関しては、時折、問い合わせがある程度であり、彼らを顧客として獲得するための具体的な方策は立てられていなかった。

　そこで第６章では、顧客拡大プロセスで提示されたおすそわけ先の消費者を新規顧客とするためのツールとして「おすそわけ袋」を考案し、消費者の評価と活用可能性を明らかにした。

　「おすそわけ袋」というのは、贈答を受けた消費者がおすそわけをする時に使用する小分け用の袋である。商品の特徴や生産者の連絡先など商品情報が記載されているため、おすそわけ先の消費者が商品を気に入った場合には、直接生産者に注文することが可能となり、新たな顧客の獲得につながる。この「おすそわけ袋」について、３つの立場の消費者、すなわち、贈答をする立場の消費者、おすそわけをする立場の消費者、おすそわけをされる立場の消費者それぞれの評価を調べたところ、いずれの立場の消費者からも概ね高い評価を得ることができた。

　まず、生産者が発送するリンゴ箱に「おすそわけ袋」を同梱して、おすそわけをする立場の消費者を調査した。すると、おすそわけ行為は回答者の９割以上にみられ、そのうちの８割以上が「おすそわけ袋」を利用しており、活用可能性の高さが確認できた。

　また、おすそわけをされる立場の消費者は、約８割が「おすそわけ袋」

に記載された情報に目を通し、自分でも同じ生産者から買いたいと回答した。つまり、「おすそわけ袋」にはおすそわけ先の消費者に商品の情報を伝達し、購買意欲を喚起する効果があることを確認した。

　さらに、贈答をする立場の消費者としてリンゴ生産地の地元消費者を調査したところ、贈答するときに「おすそわけ袋」が入っていた方が良いという回答が多数にのぼった。第3章でも述べたように、果物生産地の地元消費者の多くは、「地域の良いものを知ってもらいたい」と考えており、自分の贈ったリンゴがおすそわけされることでより多くの人に喜ばれ、高く評価されることが、1つの効用として認められることを明らかにした。

　第7章では、消費者のおすそわけ行為の実態を明らかにするとともに、「おすそわけ袋」を個別経営に導入した場合の効果の有無を検証した。

　調査の結果、消費者にとっては、おすそわけ行為そのものが1つの楽しみと捉えられていることがわかった。また、自分がおすそわけするものの良さが相手にも伝わることで効用が高められることになるため、商品の特徴や生産者のこだわりがはっきりわかるような「おすそわけ袋」は、消費者のニーズに合致するものといえる。

　さらに、たとえ家庭内で消費しきれないほどのリンゴが届いたとしても、さほど負担に感じることはなく、おすそわけという別の楽しみのために利用されることもわかった。「おすそわけ袋」の活用によって、おすそわけを前提とした消費形態が一般的に認知されれば、リンゴを贈答する立場の消費者がもつ「相手が持てあますのではないか」という不安を軽減することにもつながるであろう。

　個別経営における「おすそわけ袋」導入の効果は、シーズン中に「おすそわけ袋」を契機とした新規注文数がどの程度であるかを確認することで計測した。結果として、把握しきれない部分があったものの、おすそわけをされる立場の消費者が自分でも注文したいと思った時に、生産者へとつなぐルートが形成され、新規の顧客を呼び込む効果があるということは確認できた。

消費者への直接販売に取り組む個別経営において「おすそわけ袋」を導入することは、これまで接点のなかった新たな消費者に対して、商品とともに自身の経営のこだわりを伝える事ができるので、大きな宣伝効果が期待される。直接販売による所得を十分に確保している経営であっても、従来の顧客が高齢化するにつれて、年々固定客が減少していくことは避けられない。「おすそわけ袋」は現状のシステムを活かしながら、少しずつ新規の顧客を獲得していくツールとして非常に有効であることを確認した。

2　本書の成果と残された課題

本書では家計調査の分析から、贈答用果物の主な販売ターゲットは果物生産地の地元消費者であることを確認し、地元消費者の贈答用リンゴに対する意識と贈答行動を分析した。その中で、消費者の地元志向の強さと生産者による直接販売の重要性を明らかにした。また、農家直販の顧客を対象とした調査から、果物の贈答やおすそわけには「試食つきクチコミ」の効果があることを確認し、これを利用した顧客拡大のプロセスを提示した。さらに、直接販売に先進的に取り組む生産者の調査から上記プロセスの実効性を確認するとともに、おすそわけ先の消費者を新規の顧客とするためのツールとして「おすそわけ袋」の提案を行った。実験的に行った調査の結果、「おすそわけ袋」に対する消費者の評価は良好でその活用可能性は高く、おすそわけ先の消費者に商品情報を伝達し購買意欲を喚起する効果があることを確認した。また、「おすそわけ袋」を契機とした新規の注文が多数確認され、「おすそわけ袋」による顧客拡大効果を示すことができた。

これまで、個別農家のマーケティングに関する研究は、生産者を対象とするものが多かった。しかし、本書では消費者に焦点を当てることで、消費者の相互作用が顧客拡大に与える影響とその活用方法について新たな知見を得ることができた。本書で提示した顧客拡大プロセスと「おすそわけ袋」の導入は、今後の国内の果樹生産振興において大きな意味を持つもの

であると考える。

　例えば佐藤（1998）が述べるように、農家・農協主導型宅配産直は、開放性の高いチャネルであり、消費者はより取引条件の良い売り手に容易にスイッチすると考えられている。しかも、産地やブランド名を消費者に定着させるために広告や宣伝は不可欠であり、マスメディアを利用すれば膨大なコストが必要となる。

　しかし、本書で提示した顧客拡大プロセスに沿えば、まず、販売促進すべき相手は身近にいる地元消費者である。彼らは強い地元志向のもとで優先的に地元産の果物を購買し、県外の知人へ贈答するであろう。そして贈答先の消費者は、マスメディアが宣伝するどこかの果物ではなく、知人から贈られた特別な果物としてそれを受け取り、評価することになる。贈り主との関係性が加味される分だけ、より強く印象に残ることは想像に難くない。その上、彼らは自主的に他の消費者へと果物を配布し、無償で広報活動を行ってくれる。むしろ「良い品をおすそわけした」という満足感が彼らの効用を高めるのである。こうした消費者間の相互作用が、生産者との結びつきをより強固にすることが期待される。

　徳田（1997）は、果樹農業のマーケティングに関して、産直や宅配など生産者と消費者が直接結びついていることで取引の安定化を促進するとともに、相互の情報交流を密接にし、的確な需要への対応を可能にすると述べる。このような方向で展開すれば、国内農業存続の意義を高めるとともに、輸入果実との国際競争でも有利に作用するであろうとしている。

　本書で提示した「おすそわけ袋」は、生産者と消費者を直接結びつけ、外国産果物の輸入に対抗する強力なツールとなることが期待される。

　本書で紹介した「おすそわけ袋」の導入事例はあくまでも実験的なものであり、実際の活用に関しては、個別経営や自治体などで導入が少しずつ進められているところである[1]。例えば、個別経営における導入としては、最初の配布実験に参加した盛岡りんご推進協議会会員の一経営が、その後自費で「おすそわけ袋」を導入している。当該経営では新規の客が増

加し、「おすそわけ袋」による顧客の広がりを実感していると述べている（北田 2016）。また、自治体としては、山形県や群馬県の果樹農業振興計画において「おすそわけ袋」の利用を検討する旨の記載がされている（山形県 2017、群馬県農政部 2016）。さらに、近年活発化しているふるさと納税の返礼品に、「おすそわけ袋」を添えて自治体のアピールに活用する事例も報告されている[2]。

　しかし、より多くの生産者に導入されるためには、まだいくつかの課題が残っている。例えば、本書では「おすそわけ袋」が生産者とおすそわけ先の消費者をつなげるツールとして活用できることを示したが、実際にどの程度の効果があるか計測するに至っていない。袋の作製には費用がかかるので、それに見合う効果を提示できなければ導入をためらう生産者も多いであろう。また、仮に導入を決意したとしても、具体的に袋に記載する情報やデザインはどのようなものが効果的であるか、形状や材質をどうするかなど検討すべき点は多い。さらに、袋の作製を引き受ける業者をどうやってみつけるかという問題もある。近年は、インターネット上で袋の印刷を発注することも可能であるが、取り扱う果物に見合った形状や材質を試行錯誤したい生産者としては、少々ハードルが高いといわざるを得ない。いずれは果物関連の包装資材を扱うメーカーや関係諸機関の協力が必要になるであろう。

　また、本書では「果物の贈答マーケティング」と題しながら、実際にはリンゴを対象とした事例に終始している。他の果物における適用性の検証は今後の課題といえるだろう。しかし、先にも述べたように、既にサクランボやモモ、ブドウなどいくつかの果物において導入事例が報告されており、今後さらに事例の蓄積が期待されるところである。

　最後になるが、本書では贈答用果物の顧客拡大方策として、消費者の相互作用を活用した「おすそわけ袋」の導入を提案することで終結した。改めて述べるまでもなく、これはあくまでもマーケティング戦略の1つに過ぎない。今後、国内の果樹農業振興に貢献できる効果的なマーケティング

(140)

戦略がより多く提案されることを強く希望する。

注

1) 農研機構ではホームページで生産者や関係諸機関に向けたマニュアルを公表している（磯島 2015）。
2) 山形新聞 2016 年 6 月 28 日 17 面では、天童市が特産果実の PR を狙って、ふるさと納税の返礼品であるサクランボやモモ、ブドウなど地元産果実に「おすそわけ袋」をつけて発送する試みが紹介されている。

引用文献

[1] ベフ ハルミ．1984．文化的概念としての「贈答」の考察．（伊藤幹治・栗田靖之編著，日本人の贈答）．ミネルヴァ書房．p.18-44.

[2] 群馬県農政部．2016．群馬県果樹農業振興計画．p.7-11.

[3] 濱岡豊，里村卓也．2009．消費者間の相互作用についての基礎的研究－クチコミ、e クチコミを中心に－．慶應義塾大学出版会．288p.

[4] 長谷川啓哉．2013．生産・販売変革による大規模リンゴ作経営の成立－青森県弘前市 S 経営の事例分析－．農業経営研究 51(1)：28-41.

[5] 井上俊，上野千鶴子，大澤真幸，見田宗介，吉見俊哉．1996．贈与と市場の社会学．岩波書店．194p.

[6] 石橋喜美子．2006．家計における食料消費構造の解明－年齢階層別および世帯類型別アプローチによる－．農林統計協会．p.98-110.

[7] 磯島昭代．2010．贈答用果物の家計支出．東北農業経済研究 28(2)：15-22.

[8] 磯島昭代．2015.「『おすそわけ袋』の活用－贈答用果物の直接販売を行う生産者のための新規顧客獲得方策－」
http://www.naro.affrc.go.jp/publicity_report/publication/pamphlet/tech-pamph/059487.html

[9] 伊藤幹治，栗田靖之編著．1984．日本人の贈答．ミネルヴァ書房．308p.

[10] 北田富士子．2016．おすそわけ袋で新規の顧客が増えた．現代農業 2016 年 11 月号：212-215.

[11] 国立社会保障・人口問題研究所．2013 年．日本の地域別将来推計人口－平成 22 (2010) ～52 (2040) 年－．人口問題研究資料 第 330 号：44.

[12] 小松知未．2013．原子力災害後の消費者意識と果樹経営による情報発信－農家直送・福島県産果実を受け取った顧客アンケート調査から－．2013 年度日本農業経済学会論文集：242-249.

[13] 松下秀介．2003．みかん作の経済性と農家の市場対応．農林統計協会．157p.

[14] 南知惠子．1998．ギフト・マーケティング－儀礼的消費における象徴と互酬性－．千倉書房．266p.

[15] 宮田加久子，池田謙一．2008．ネットが変える消費者行動－クチコミの影響力の実証分析－．NTT 出版．185p.

[16] 讃井純一郎，丸山玄．2000．評価グリッド法．日本建築学会編．よりよい環境創造のための環境心理調査手法入門．技報堂出版．p.57-64.

[17] 中村哲也，丸山敦史，慶野征じ，佐藤昭壽．2007a．輸入解禁後におけるリンゴの消費者選好分析－食品安全性問題を中心としたアンケート調査から－．農業経営研究 45(2)：

73-78.

［18］中村哲也，丸山敦史，佐藤昭壽．2007b．欧州輸出用黄色リンゴの新品種導入の可能性
と国内消費者評価−EUREGAP 認証リンゴの食味アンケート調査からの接近−．2007 年
度日本農業経済学会論文集：256-263.

［19］中安章，相原和夫．1994．果実消費構造の変化と贈答用需要の特性．農林業問題研究
30：29-34.

［20］日本農業経営学会 農業経営学術用語辞典編纂委員会．2007．農業経営学術用語辞典.
農林統計協会．p.196.

［21］大久保樹，佐野研一，相川勝六，下山禎，藤島廣二．2001．山梨県における果実の宅
配便産直の実態とマーケティング手法の適用．山梨県総合農業試験場研究報告 10：7-18.

［22］齋藤仁藏．2008．生産者の米マーケティング戦略と管理の特質．農林統計協会．239p.

［23］阪本亮，中祐子，草苅仁．2007．家計における生鮮果物消費の減少要因．農林業問題
研究　166：151-155.

［24］佐藤和憲．1998．青果物流通チャネルの多様化と産地のマーケティング戦略．養賢堂.
156p.

［25］新開章司．1999．贈答用果物に対する消費者選好分析−お中元期の果物を中心に−.
農業経営研究　37(1)：145-148.

［26］総務省統計局．2016．収支項目分類の基本原則．家計調査年報（家計収支編）家計調
査の概要．http://www.stat.go.jp/data/kakei/2016np/gaiyou.htm

［27］杉本徹雄．1997．消費者行動とマーケティング．（杉本徹雄編著，消費者理解のための
心理学）．福村出版．p.10-23.

［28］高嶋克義．2002．現代の流通構造．現代商業学．有斐閣アルマ．p.86-96.

［29］德田博美．1997．果実需給構造の変化と産地戦略の再編−東山型果樹農業の展開と再
編−．農林統計協会．267p.

［30］辻本法子，小沢佳奈，石垣智徳．2010．物産展来場者のおすそわけ行動に基づく消費
拡大に関する研究−関西の百貨店における実証研究−．地域活性研究　1：103-113.

［31］氏家清和．2012．農畜産物の放射性物質汚染に対する消費者評価の変化．（日本フード
システム学会編．東日本大震災とフードシステム−復旧から復興に向けて−）．農林統計
出版．p.51-67.

［32］山形県．2017．山形県果樹農業振興計画書．p.3-8.

［33］柳本正勝，八重垣康子，細田浩，金子勝芳．1998．家計調査年報を用いた野菜・果物
消費の季節性変化の解析．日本食品科学工学会誌　45(9)：557-563.

あとがき

　本書は、筆者がこれまで行ってきた贈答用果物に関する消費者調査とマーケティングに関する研究成果を取りまとめたものである。各章の基礎となった公表論文は以下の通りである。

第1章　磯島昭代（2010）贈答用果物の家計支出. 東北農業経済研究　28
　　　　(2)：15-22.

第2章　磯島昭代（2009）自家消費用および贈答用リンゴに対する消費者
　　　　ニーズの解明－評価グリッド法による接近－. 東北農業経済研究
　　　　27(2)：33-40.

第3章　磯島昭代（2011）リンゴ生産地における消費者の贈答意識と購買
　　　　行動. 農村経済研究　29(2)：85-92.

第4章　磯島昭代（2012）農家直販における顧客の贈答用リンゴに対する
　　　　意識. 農村経済研究　30(2)：18-23.

第5章　磯島昭代・長谷川啓哉（2014）リンゴ直販農家における販売管理
　　　　と顧客獲得の実態. 農村経済研究　32(2)：39-46.

第6章　磯島昭代（2013）顧客拡大に向けた贈答用果物の販売戦略－「お
　　　　すそわけ袋」の考案と贈答用リンゴにおける活用可能性の検証
　　　　－. 農村経済研究　31(1)：25-32.

第7章　磯島昭代・長谷川啓哉（2015）消費者のおすそわけ意識と「おす
　　　　そわけ袋」による新規顧客の獲得－大規模リンゴ作経営における
　　　　配布実験による－. 農村経済研究　33(1)：65-73.

　本書の一部は、以下の事業による助成を受けている。
　　・盛岡りんごに係る市場調査研究業務委託

(144)

　・科研費（課題番号 24580336）

　また、本書の執筆に当たっては、多くの方々のご指導とご助力を賜っている。

　いわて生協組合員の皆様、盛岡市の住民の皆様、ほか多くの消費者の方々に調査のご協力をいただいた。また、盛岡市ブランド推進課（当時）の皆様、盛岡りんご推進協議会会員の皆様、駒込農園の高橋学様、せいの農園の清野俊博様・清野とも子様・紀本真理子様、黒石観光りんご園の佐藤国雄様、財団法人青森県りんご協会の工藤貴久様、弘前市農林部りんご課の小野孔明主幹兼企画開発係長（当時）および職員の皆様、板柳町経済課の石澤雅人課長（当時）および職員の皆様には、「おすそわけ袋」の考案とその実証調査に多大なるご協力をいただいた。さらに、公益財団法人中央果実協会の藤定光太郎情報部長（当時）には、「国産果実需要適応型取引手法実証事業」への応募を推奨されるなど「おすそわけ袋」の普及にご尽力いただき、農研機構東北農業研究センターの田中忠一情報専門役（当時）には、著者以上に情熱的に「おすそわけ袋」の広報活動に取り組んでいただいた。

　加えて、前述の科研費において共同研究者であった農研機構東北農業研究センターの長谷川啓哉上級研究員には、本書の執筆に際して共著論文の使用を快諾していただいた。長谷川氏からはリンゴ生産や流通に関する情報提供、生産者および関係機関との調整、「おすそわけ袋」の広報・普及活動など、様々な場面で献身的なサポートがあったことをここに明記する。

　このように、多くの方々のご協力により本書を上梓することができた。この場を借りて、あらためて深く感謝の意を表したい。

2018 年 3 月

　　　　　　　　　　　　　　　　　　　　　　　　　磯島　　昭代

著者略歴

磯島　昭代（いそじま　あきよ）
博士（農学）〔筑波大学〕

1967 年　埼玉県生まれ
1990 年　筑波大学第二学群農林学類卒業
1991 年　筑波大学大学院修士課程環境科学研究科中退
1991 年　農林水産省　農業総合研究所
1991 年　農林水産省　東北農業試験場
現在　　国立研究開発法人 農業・食品産業技術総合研究機構
　　　　東北農業研究センター企画部産学連携室 兼 生産基盤研究領域
　　　　農業技術コミュニケーター

著書に「農産物購買における消費者ニーズ−マーケティング・リサーチによる−」
農林統計協会、2009 年がある。

果物の贈答マーケティング
The fruits gift marketing

2018年3月23日　印刷　　　　定価はカバーに表示しています。
2018年3月30日　発行

著　者　磯島　昭代

発行者　磯部　義治

発　行　一般財団法人農林統計協会

〒153-0064　東京都目黒区下目黒3-9-13　目黒・炭やビル
http://www.aafs.or.jp/
電話 03(3492)2987（普及部）
03(3492)2950（出版部）

振替　00190-5-70255

PRINTED IN JAPAN 2018

落丁・乱丁本はお取り替えします。　　　印刷　大日本法令印刷株式会社
ISBN978-4-541-04177-7　C3033